結局、
筋トレがいちばん
キレイにやせる
近道

パーソナルトレーナー
Miyako

世界文化社

一生モノのキレイは、筋トレで作れます。

by Miyako

外見が劇的に
引き締まり、
部分やせ自由自在！
なりたい体をゲット

BEFORE

AFTER

(右)20代半ばごろ。身長168㎝、50kg。現在より6kgもやせているが締まりがなく、おなかが出たブヨブヨ体型。(左)トレーニング歴6年の32歳の現在の体重は56kg。食事を管理しながら無理なくスタイルをキープ。

体重や年齢なんてただの数字。「食べて動いて」、楽しく自分磨きを

本書を手にとっていただき、ありがとうございます。

私は、フィットネスユーチューバーとして筋トレやボディメイクの情報発信をするかたわら、都内で女性専門ジムを経営しているパーソナルトレーナーです。いまでこそ健康的なスタイルの私ですが、10代でモデルをしていたころは、体重が軽いことこそが美しいと信じていました。

当時はいまより10kg以上もやせてガリガリで、太らないように炭水化物を抜き、サラダだけの味気ない食事ばかりしていました。

しかし、20歳で結婚し出産すると、思うようにやせられなくなってきました。太ることが怖くて、家族と同じ食事も外食もできない毎日だったのです。

やせてはいてもたるんで締まりがなく、理想体型にはほど遠く、体温が低くて顔色が悪く、いつも体調不良。ネガティブ思考でメンタルも不安定でした。

そんなとき、息子のある一言をきっかけに不健康な食生活をあらためたのです。

「きちんと食べてしっかり動いて」スタイルをキープする体作りへと意識がシフトし、行き着いたのが、筋トレです。

筋トレでいいこといっぱい！ なりたい体が手に入る

筋トレは、たんぱく質などの栄養を材料に、食事を管理しながらトレーニングで筋肉量をふやしてハリを出し、体脂肪を落としていく作業です。筋トレを習慣づけたところ、少しくらい食べ過ぎてもすぐに太ることがなくなり、体温が上がって体調も格段によくなりました。筋肉量がふえることによる引き締め効果で、体重はそれほど変わらなくても、外見がひときわやせ見えします。見た目が全体的にスタイルよく変われば、体重や体脂肪などの数字にとらわれることもなくなります。20代のころよりもいまの自分のほうが好きになり、自信がついてあらゆることに前向きに取り組めるように気持ちが変わってきたのです。

筋トレは、おなかや腰回りなど絞りたいところは絞り、お尻やバストなどボリュームアップしたいところは大きくできる唯一のボディメイクです。これは、なりたい体に合わせてトレーニングメニューを組むことで実現できます。

本書では、骨格、脂肪や筋肉の付き方、体つきの特徴から、体型をおもに3つに分け、骨格タイプ別のトレーニングメニューを考案しました。まずは週2回、2カ月続けてみましょう。必ず理想的な体に近づいていくはずです。

あなたは どのタイプ？

骨格タイプ別・最強の筋トレメニューはコレ!

※次ページから紹介する3つのタイプのうち、該当する項目が最も多いものがあなたの骨格タイプです。早速チェックしてみましょう！

下半身どっしり型

A タイプ

上半身は華奢なのに
下半身は重量級。
お尻や太ももから太りやすい

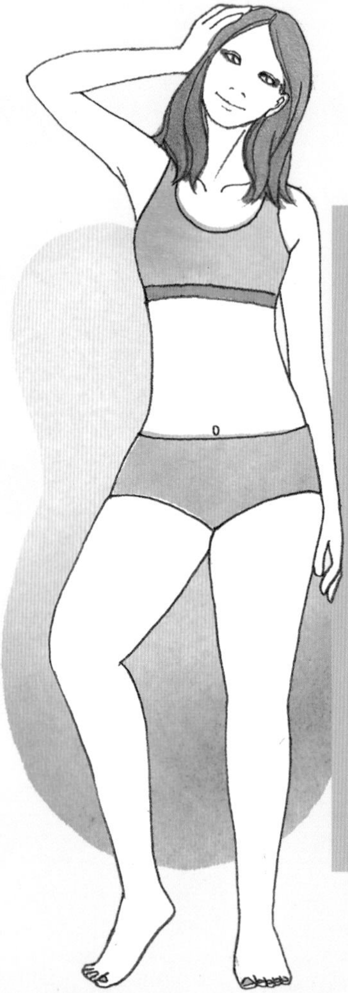

Aタイプに該当する人の特徴

- 下半身デブといわれることがある
- お尻や太ももから太る
- ダイエットをすると胸からやせる
- 上半身は華奢で鎖骨が出ている
- 肌の質感がやわらかく、ぽっちゃりしている
- どちらかというとなで肩である
- 肋骨から骨盤までの距離が長く、ウエスト位置が低い
- ウエストと腰幅の差があり、くびれがある

最大の特徴は、骨格に対して骨盤がしっかりしていること。肋骨から骨盤までの距離が長く、ウエスト位置が低めです。ウエストがくびれて見えやすい半面、お尻や太ももに脂肪がつきやすく、下半身太りが気になります。このタイプの人がダイエットをするとデコルテ周りからやせていき、上半身が細いのに下半身はどっしりしたまま……というアンバランスな体型になりがちです。

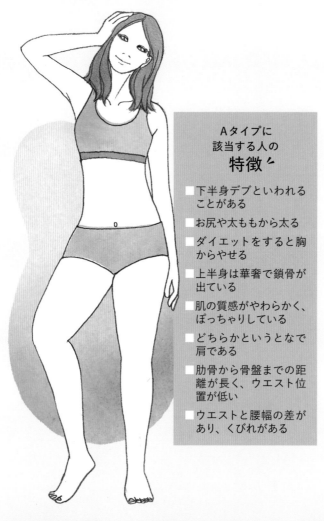

Aタイプの処方箋

下半身に重点を置いた筋トレでお尻や脚を引き締め、さらに胸と背中に女性らしい厚みを作りましょう。上半身と下半身のボリュームが整えば、本来持つくびれをいかしてスタイルアップできます。張り出しやすい前ももは、お尻やもも裏を鍛えるトレーニングが◎。

おすすめ筋トレはコレ！

【バンドスクワット】…P.34
【ルーマニアンデッドリフト】…P.42
【ワイドスクワット】…P.46
【ダンベルベントロウ】…P.50
【ひざつきプッシュアップ】…P.62

2カ月実践！

体験者の実例紹介

横に張り出した太ももが引き締まり、
内ももにすき間が出現。
腰肉もスッキリしてくびれが止まらない！

Wさん／44歳（55kg→53.5kg）

AFTER BEFORE

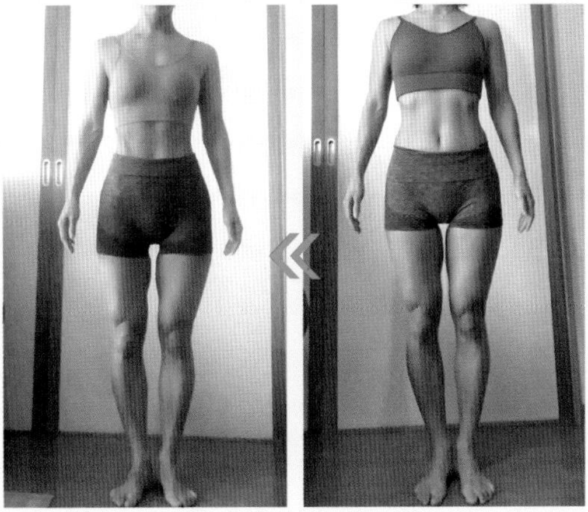

ぽっこりおなか型

Bタイプ

手足は細く長いが
ずんどうでくびれがなく、
おなかに脂肪がつきやすい

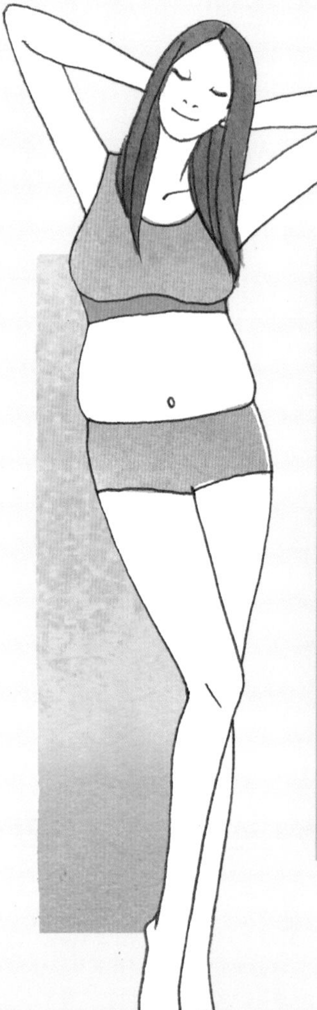

**Bタイプに
該当する人の
特徴**

- 外国人体型といわれることがある
- おなかや腰周りから太る
- 身長に対して手足が細くて長い
- 体が立体的でメリハリがある
- 鎖骨があまり目立たない
- 太っていても太さがあまり目立たない
- 肋骨から骨盤までの距離が短く、ウエスト位置が高い
- 首がわりと短め

手足が細く長く、「外国人体型」といわれることが多いタイプ。体に厚みがあり、立体的でメリハリがあり、筋肉質でハリのある肌質が特徴です。肋骨から骨盤までの距離が短いため、ウエスト位置が高く脚が長く見えますが、ずんどうでくびれて見えにくいという点も。このタイプの人が太るとおなか周りに脂肪がつきやすく、目立つため、手足は細いのにおなかがぽっこりという状態に。

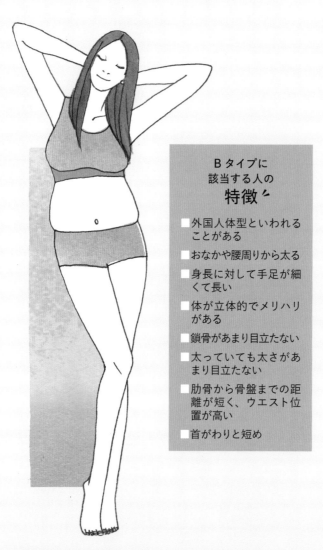

Bタイプの処方箋

脂肪がつきやすいおなかや腰周りの筋肉を鍛えるトレーニングを重点的に行い、ウエストを絞り、脂肪が定着しないようボディメイクしましょう。このタイプは筋トレ効果が出やすく、上半身・下半身ともしっかりトレーニングするとバランスよく筋肉がつきます。

おすすめ筋トレはコレ！

【バンドスクワット】…P.34
【ブルガリアンスクワット】…P.38
【ワンハンドロウイング】…P.54
【ツイストプランク】…P.58
【サイドブリッジ】…P.60

2カ月実践！
体験者の実例紹介

**おなか周りからわき腹にかけての脂肪のダブつきが解消。
ウエストがくっきりくびれ、下腹も引き締まった**

Sさん／39歳（56kg → 54.3kg）

AFTER　　BEFORE

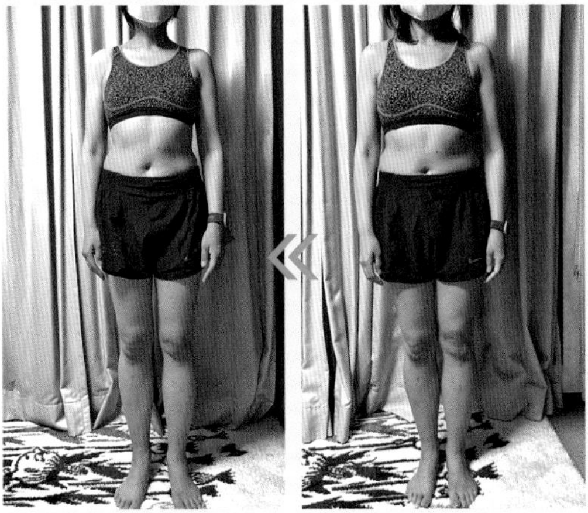

Cタイプ

がっちり骨太型

がっちり骨ばったいかり肩。
太るとゴツくてたくましい
レスラー風に

Cタイプに該当する人の特徴

- ■肩幅が広く、いかり肩が気になる
- ■太るとたくましく見えてしまう
- ■筋肉と脂肪がバランスよくついている
- ■鎖骨が大きく目立つ
- ■脂肪より骨ばっているのが気になる
- ■関節が大きく、ひざの皿が大きい
- ■骨盤が大きく立体的
- ■すねの骨やアキレス腱が太い

最大の特徴は、スクエアなフレーム感です。骨格がしっかりしていてひざの関節が大きめ、鎖骨やくるぶし、手首の骨、指の関節なども太く大きい人が多い印象です。脂肪も筋肉もバランスよくつきやすい一方、ゴツゴツした骨っぽさに悩む人も。一度太ると骨格がしっかりして大きい分、その上にさらについた脂肪のせいで、全体的にゴツくたくましく見えてしまいます。

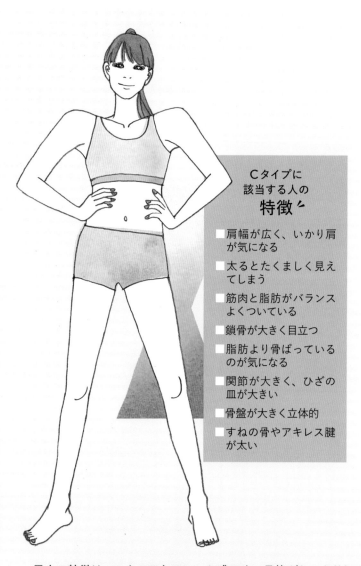

Cタイプの処方箋

平面的に見えやすい骨格なので、体の横幅を出すトレーニングには要注意。より背中や肩幅が大きく見えてしまいます。上半身（胸と背中）に厚みを出し、お尻に丸みと高さを出すトレーニングを取り入れると、全身に立体感が増して骨っぽさが気にならなくなります。

おすすめ筋トレはコレ！

【バンドスクワット】…P.34
【ブルガリアンスクワット】…P.38
【ダンベルベントロウ】…P.50
【ツイストプランク】…P.58
【ひざつきプッシュアップ】…P.62

2カ月実践！
体験者の実例紹介

盛り上がった肩肉と腕周りの脂肪が落ち、均整のとれた体型に。おなかも引き締まった

Nさん45歳（58kg→55.8kg）

AFTER　BEFORE

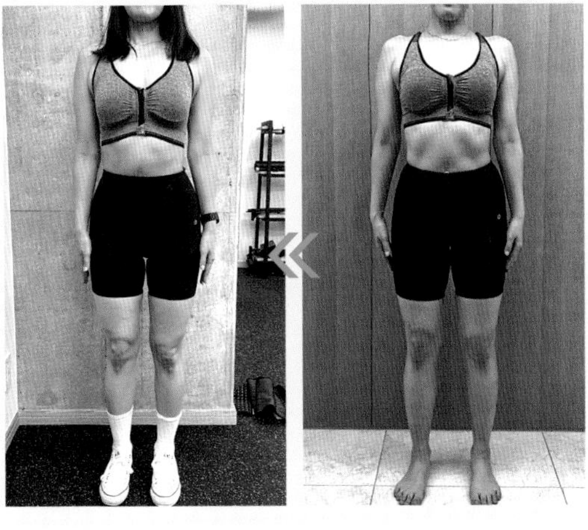

美ボディのターゲット筋はココ！
生きてるだけでやせる体に

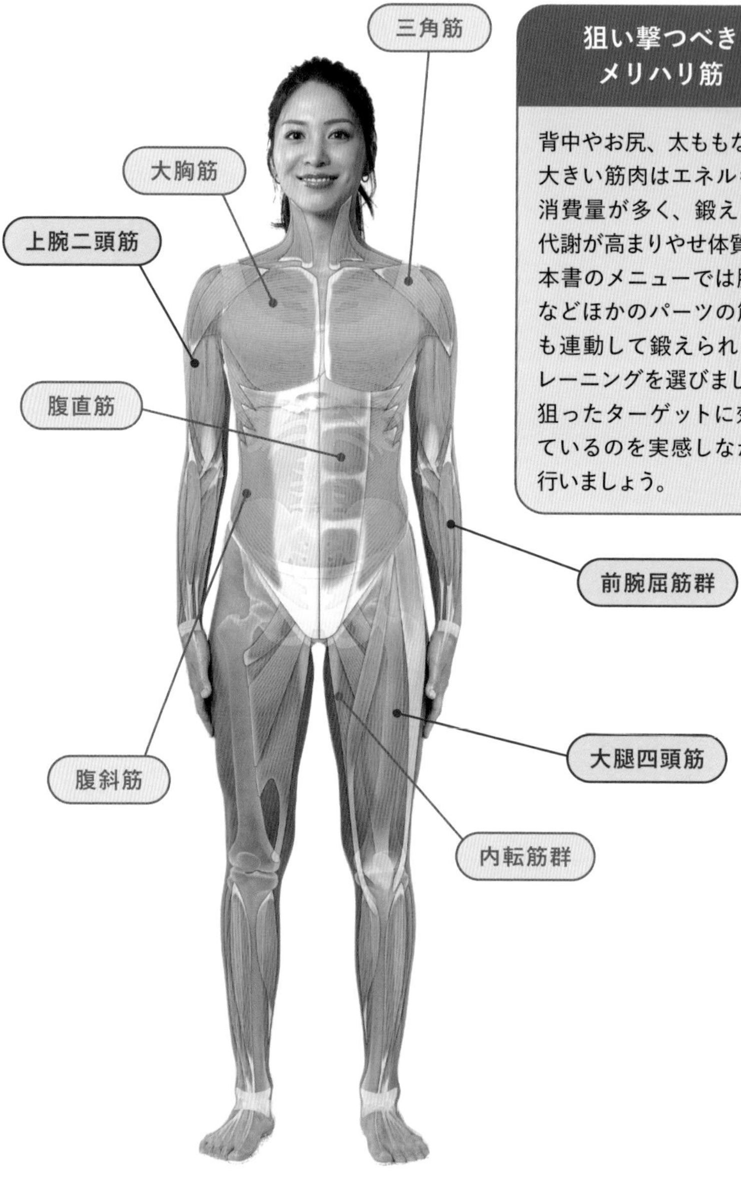

三角筋
大胸筋
上腕二頭筋
腹直筋
前腕屈筋群
大腿四頭筋
腹斜筋
内転筋群

狙い撃つべき
メリハリ筋

背中やお尻、太ももなど、大きい筋肉はエネルギー消費量が多く、鍛えると代謝が高まりやせ体質に。本書のメニューでは腹筋などほかのパーツの筋肉も連動して鍛えられるトレーニングを選びました。狙ったターゲットに効いているのを実感しながら行いましょう。

体温調節や呼吸維持など、生命活動のために消費されるエネルギーのことを「基礎代謝」といい、筋肉の量に比例してふえます。有酸素運動はその場限りのエネルギー消費ですが、筋トレで筋肉をふやせば基礎代謝が上がり、何もしなくてもやせる体に。

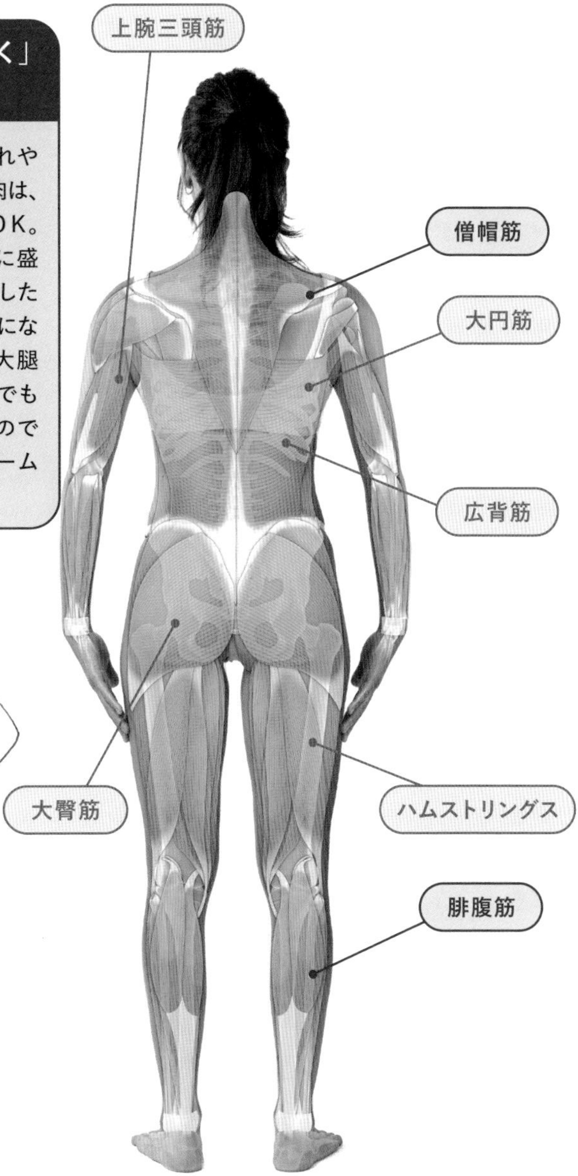
上腕三頭筋
僧帽筋
大円筋
広背筋
大臀筋
ハムストリングス
腓腹筋

「ゴツくたくましく」なる要注意筋

ふだんの動作で使われやすく発達しやすい筋肉は、あえて鍛えなくてもOK。鍛え過ぎると不自然に盛り上がったり、張り出したりしてたくましい体型になりがちです。とくに大腿四頭筋は、全身の中でも強くて大きい筋肉なので要注意。正しいフォームでトレーニングを。

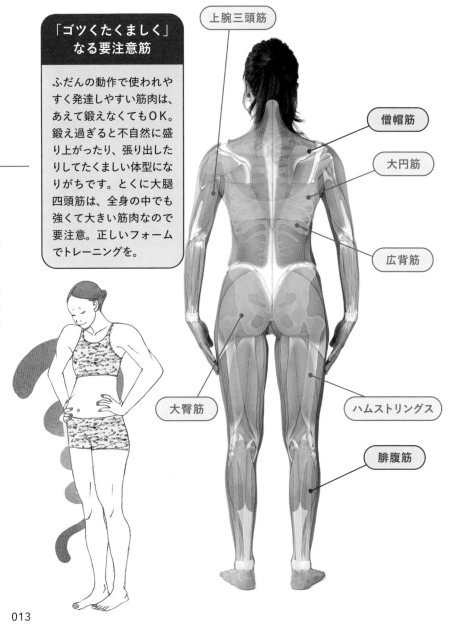

CONTENTS

Part 1

やせ力アップ！体ほぐしストレッチ

Part 2

なりたい体になる！骨格タイプ別筋トレ

031

Part 3

もっとメリハリ！パーツ別メソッド

Part 4

※安全に行うための注意点

- トレーニングは自然に呼吸をしながら行いましょう。体に力を入れて筋肉が収縮するときに息を吐き、体を元に戻して筋肉が伸びるときに息を吸うのが基本です。
- 筋肉痛がひどい場合は無理をせず、痛みが治まってから行いましょう。
- 骨や関節、腱、筋肉を痛めている場合は、しっかり治療を終えてから本書のトレーニングを行うようにしましょう。
- 体調が悪いときはお休みしてください。
- 生理中に行っても問題ありませんが、痛みや不調が強い場合は無理をせず、お休みしましょう。
- 妊娠中の方はお休みしてください。産後は主治医に相談のうえ、回復が順調な場合は産後1～2カ月たってから軽めの負荷で行うといいでしょう。

トレーニングをはじめる前に

そろえておきたいギア

ダンベルやマシンがなくても、
ペットボトルや安価なギアを利用すれば、
おうちで簡単に筋トレできます。インターネットで
入手しやすく、あると便利なグッズを紹介します。

水入りのペットボトル

負荷をかけるおもりとして、ダンベルの代わりに使います。水500㎖は500g、2ℓは2kgのウエイトになります。本書のトレーニングで使うウエイトは、1セットが無理なく行える重量を目安としています。

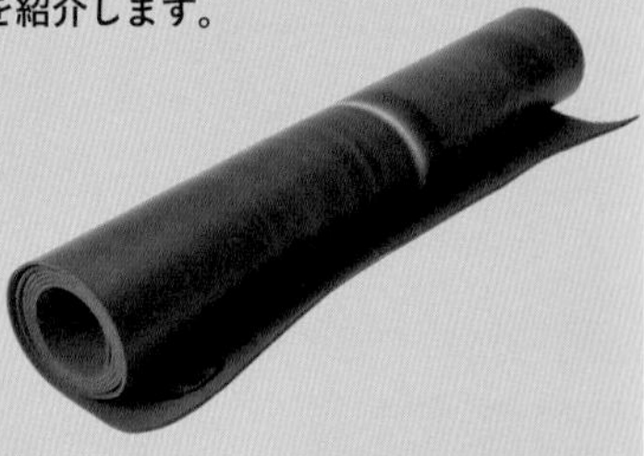

ヨガマット

トレーニング中は足元を安定させておきましょう。ヨガマットの上で行うと、滑らず、安全にトレーニングできます。

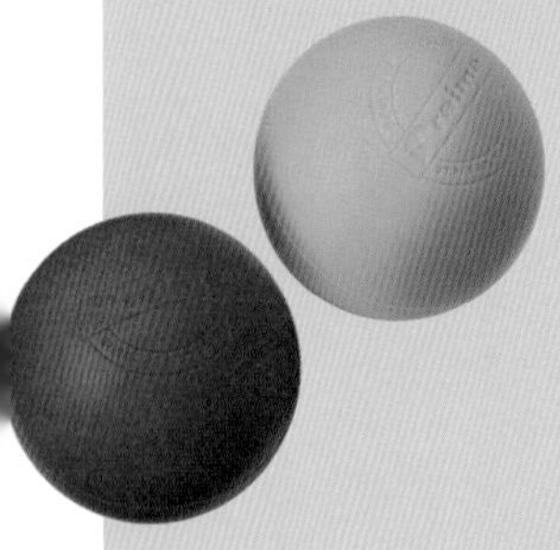

コンディショニングボール

コンディショニング（→ P.22）で使います。硬さや大きさが適正で、狙った筋肉にきちんとアプローチできるので、ほぐし効果抜群。筋トレ効果アップに役立ちます。

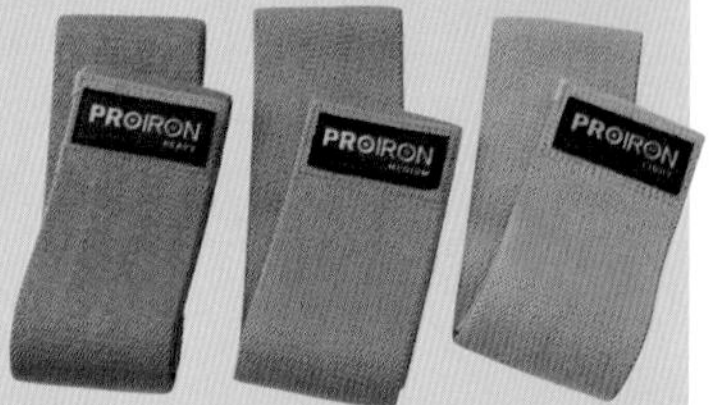

エクササイズバンド

ひざ上に巻くなどして、トレーニング強度を上げるために使います。ゴム製よりナイロン製のほうが丈夫でおすすめです。また、裏に滑り止めが付いているものを選ぶと、動いても巻き上がってきません。締め付けの強度別に3段階セットになっているものが一般的。

ペットボトルを入れるバッグ

500㎖のペットボトルが数本入るくらいの、取っ手つきの小さい布バッグが2つあると、負荷の調整に役立ち、便利です。ペットボトルを3本入れれば1.5kg のダンベルとして使えます。レジ袋などでもOK。

Part 1

やせ力アップ！体ほぐしストレッチ

体が硬いままトレーニングを行っていると、効果がなかなか出ないことがあります。狙った筋肉に刺激をしっかり届け、効果を最大限に得るため、ストレッチでしっかり体をほぐしておきましょう。鍛えるパーツに合わせて適宜チョイスし、可動域を広げましょう。

セルフコンディショニングで やせ体質になる

30歳を過ぎると、以前よりやせにくく、太りやすくなったという声をよく聞きます。年齢とともに体は硬くなり、ケアを怠っていると硬くなるスピードは年々速くなります。筋トレの前に、まずはストレッチで体をほぐしましょう。**ガチガチに固まった体のままで筋トレをしても、効果はあまり期待できません。**

ここでいう柔軟性とは、**関節の可動域を広げ、筋膜（全身に張り巡らされた筋肉を包む膜）をほぐすこと。**筋トレをするうえでとくに重要なのが、肩関節と股関節です。肩関節は広背筋や大胸筋といった上半身の筋肉のトレーニングで、股関節は大臀筋やハムストリングスといった下半身のトレーニングで使われます。

肩関節や股関節の可動域が狭いと、これらの大きな筋肉をうまく動かすことができず、筋量がふえにくくなります。トレーニングを頑張っている割に体がなかなか変化せず、やせにくいという残念なことになってしまうのです。肩関節は、おもに肩甲骨と上腕骨から成り、全身で最も可動域の大きい関節です。そこで、**肩甲骨周りをほぐし、肩甲骨の動きをよくしていくことで肩関節の動きを改善していきましょう。**

ココが硬いとやせにくい！

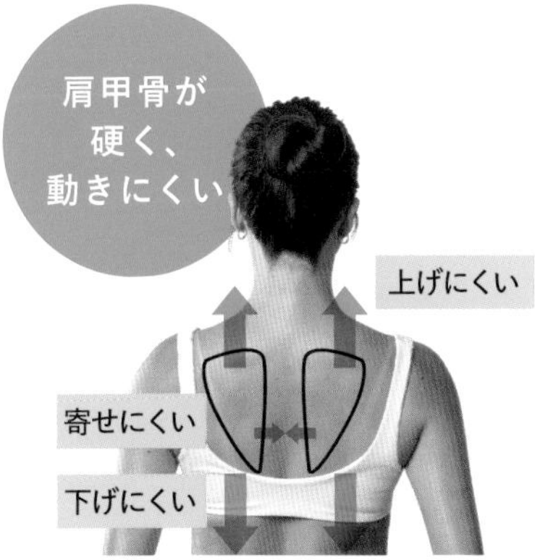
肩甲骨が
硬く、
動きにくい
上げにくい
寄せにくい
下げにくい

前傾姿勢を続けていると、肩甲骨が開いた状態で固まり、可動域が狭くなって脂肪のつきやすい分厚い背中に。肩や二の腕も太くたくましくなります。

股関節が
硬く、
動きにくい
足を内外に
ひねれない

座っている時間が長いと、股関節が硬く動きにくくなり、可動域が狭くなってエネルギーをため込みやすい体質に。下半身に脂肪がつきやすくなります。

はじめて私のトレーニングを受けられる方の多くは、肩甲骨が開いた猫背の姿勢で可動域が狭く、股関節の動きも悪い状態です。**まずはしっかりと肩甲骨周りと股関節をほぐし、こり固まった筋膜をゆるめ、トレーニング効果の出やすい体を作っていきましょう。**

柔軟性が身につくとトレーニング効果が高まり、筋量がふえやすくなります。するとエネルギー消費が高まり、基礎代謝量（生命活動に必要なエネルギー）が上がってやせやすい体質になっていきます。

また、長時間のデスクワークやスマホなどによる前傾姿勢により、多くの人は猫背や骨盤のゆがみを抱えています。ストレッチで悪い姿勢をリセットし、頭や肩、骨盤の位置を正常に戻すと、一部の関節に余計な負荷がかからなくなるため、故障のリスクもへらせます。

首胸コロコロ

首から胸、肩のこわばりをリセット

耳下から鎖骨周り、肩のつけ根、胸全体にコンディショニングボールでじっくり圧をかけていきます。胸や腕、肩の動きをよくするとともに、肩甲骨のなめらかな動きを取り戻します。

Point

痛気持ちよく感じる程度の強さでゆっくりボールを往復させます。骨の上には当てないように

1　耳の付け根から首すじをほぐす

首を傾け、耳の付け根あたりにボールを当て、首に斜めに走っている胸鎖乳突筋に沿って圧をかけながらほぐします。

刺激する位置はココ！

首すじから鎖骨周り、肩の付け根、胸全体をまんべんなく刺激。左右合計２分が目安

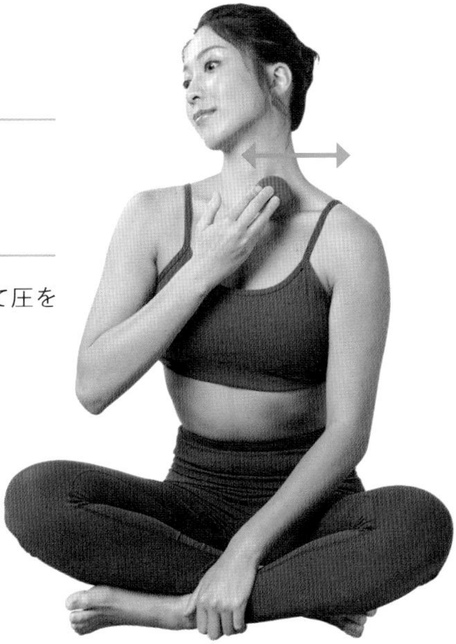

2 鎖骨上から肩の付け根をほぐす

鎖骨の上から肩の付け根に沿って圧をかけながらほぐします。

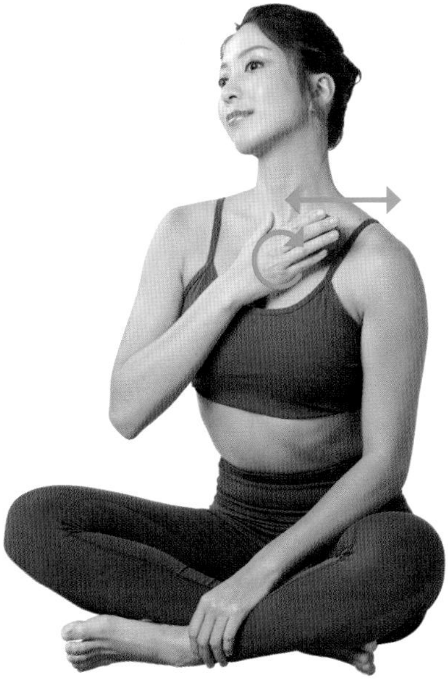

3 鎖骨下から肩、胸をほぐす

鎖骨の下から肩の付け根に沿って圧をかけながらほぐします。
最後に胸全体をまんべんなくほぐします。
左右を替えて反対側も同様に。

背面コロコロ

背中からお尻、もも裏のこわばりをリセット

硬くこわばりやすい広背筋、僧帽筋や大臀筋、ハムストリングスといった体の裏側の筋肉をリセット。肩甲骨の内側をほぐすと可動域が広がり、背中や腕の動きがよくなります。

1　肩甲骨内側から腰にかけてほぐす

両脚を曲げて床にあお向けになり、右の肩甲骨の内側にボールを当てます。お尻を軽く浮かせ、少しずつ上下に動かしながらボールを転がし、腰までほぐします。

Point

上半身と下半身の裏側を広範囲にほぐします。とくに硬い部分はボールをつぶすように念入りに圧をかけて

刺激する位置はココ！

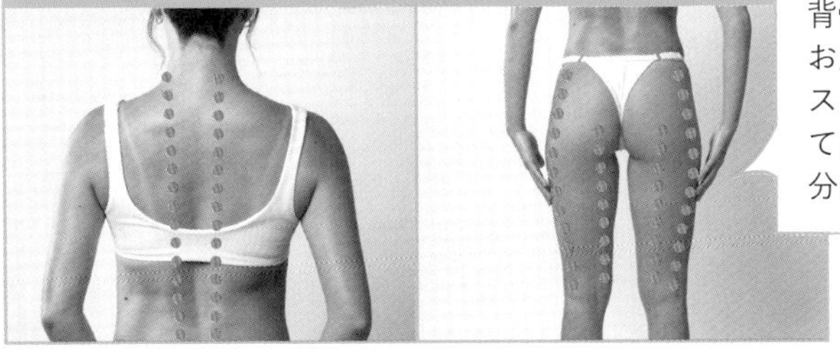

背骨の両わきライン、お尻の外側からハムストリングスにかけて刺激。左右合計2分が目安

2　お尻の外側をほぐす

右側を下にして横向きに寝そべり、お尻の右側にボールを当て、ボールを押しつぶすように体を上下に動かし、圧をかけます。筋肉が硬く張っている部分を念入りに刺激します。

3　ハムストリングスをほぐす

次に、右太もも裏にボールを当て、お尻を軽く浮かせ、少しずつ上下に動かしながらボールを転がし、もも裏全体をほぐします。左右を替えて反対側も同様に行います。

首ストレッチ

首周りから肩、胸、背中のこわばりをリセット

首周りが硬くこわばると、背中も固まって胸が張れなくなり、上半身の可動域が制限されます。首の付け根や横、後ろの筋肉がほぐれて首がしっかり引けるようになると、背中や胸周りの動きも改善されます。

1　両手を組み、首を右に回す

床に座り、両手を後ろで組んで下に引っ張り、胸を張り、首を右回りに10回ほど回します。

Point

首の周りは神経が集まっています。やさしくゆっくり、ていねいに回しましょう。肩が上がらないように注意

2　首を左に回す

両手を組んだまま、首を左周りに10回ほど回します。

刺激する位置はココ！

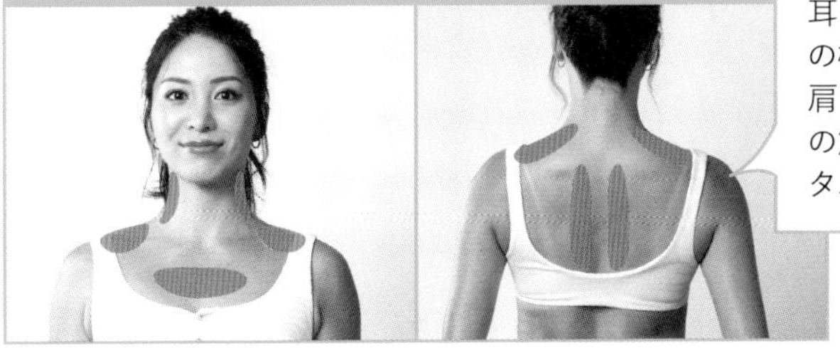

耳の下、首すじ、首の横、首の後ろ、胸、肩から背中にかけての筋肉をほぐす。トータルで２分が目安

3　首をそらせる

両手を後ろに引きながらあごを上げ、首をそらせて10秒キープ。

4　首すじを伸ばす

右手を頭に添え、軽く右に倒しながら胸鎖乳突筋や僧帽筋など、首周りの筋肉を伸ばし、10秒キープ。左右を替えて反対側も同様に。

股関節＆お尻ストレッチ

股関節とお尻、もも裏・内ももをリセット

股関節が硬いと太もも周りの筋肉が硬くこわばり、外ももが発達してたくましいムキムキ脚に。内ももからもも裏、お尻をほぐして股関節の可動域を広げるとトレーニング効果が高まります。

1　片ひざを曲げて座る

右ひざを曲げ、左脚を後ろに伸ばしてやや前傾して座り、両手を前につきます。曲げたひざの角度は90度がベストですが、難しければ45度くらいでもOK。

Point

股関節が硬く、体勢をとるのがキツイ場合は、無理せずできる範囲で。痛気持ちよく感じる程度の強さでじっくり効かせて

刺激する位置はココ！

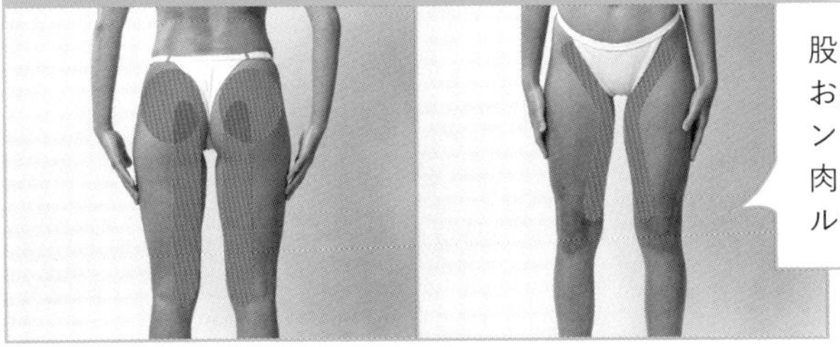

股関節から内もも、お尻からハムストリングスにかけての筋肉をほぐす。トータルで2分が目安

2　上体を前に倒し、後ろ足を伸ばす

上体を前に倒し、右脚のもも裏とお尻が伸びるのを感じながら10秒キープ。腰や背中が丸まらないように注意。左右を替えて同様に行います。

3　内ももをほぐす

次に、開脚して座り、脚の付け根からひざ上にかけてももの内側をほぐすようにもんでいきます。左右を替えて反対側も同様に行います。

（次ページに続く）

4　元に戻る

元に戻り、両手を体の前に自然に伸ばします。つま先の力は抜いておきましょう。

5　上体を前に倒す

そのまま上体を前に倒し、股関節をストレッチ。内転筋やハムストリングスの伸びを感じながら10秒キープしたら元に戻ります。

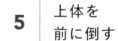

Part 2

なりたい体になる！骨格タイプ別筋トレ

女子の筋トレのポイントは、絞りたいところを引き締め、カーヴィなメリハリボディを作ること。本来持っている骨格や体型の特徴をいかして、バランスよくしなやかな筋肉をつけましょう。骨格タイプ別に、基本となる5種目の筋トレを紹介します。

体型に合った種目を選んで効率よく体を大改革

筋トレで筋肉がつくと太りにくくなり、筋肉内の毛細血管の数や密度もふえて血流がよくなり、体の各所に酸素や栄養が行きわたります。全身の細胞が活性化し、免疫力のアップに役立つほか、筋トレによる骨への刺激により、骨を強化する効果も期待できるのです。

いいこと尽くめの筋トレですが、やみくもにやっても思いどおりの体作りはできません。体型の特徴によって鍛えるべき筋肉の優先順位が違うので、まずは該当する骨格タイプ（↓P.5）に合わせて基本の5種目からはじめましょう。

ポイントは、「大きい筋肉を動かす」、「複数の関節を使う（多関節）」種目を選ぶこと。これにより体のより多くの筋肉を動員することができ、トレーニング効果が爆上がり。**まず胸・おなか、背中、お尻・太ももの大きな筋肉から鍛え、ベースとなる筋肉を作ったうえで、パーツ別種目を組み合わせるという2ステップで進めるのが、賢いボディメイク**。正しいフォームで行うことで狙ったパーツにきちんと刺激が届きます。最初は1種目しかできなくてもＯＫ。1回のトレーニングで5種目をトータルで行うと、全身がバランスよく鍛えられます。目的に合わせてＰａｒｔ３のトレーニングを組み合わせましょう（↓P.64）。

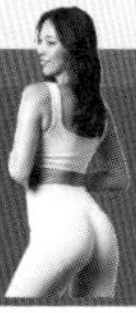

狙ってやせる！ ３大ターゲット部位

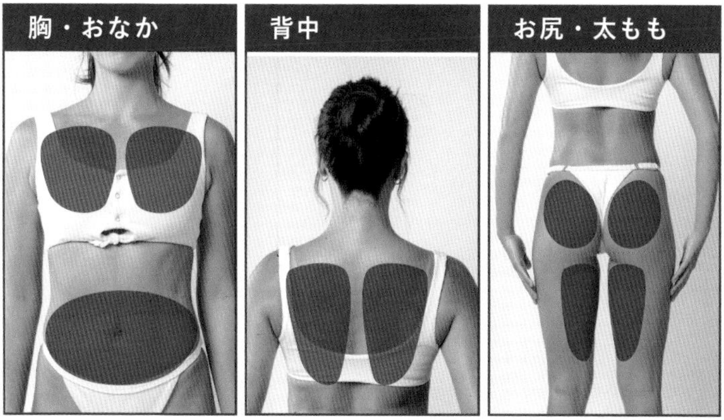

ウエイトは、15回前後連続して扱える程度の重量に設定すると、筋肉周りの脂肪が落ちやすくなり、しなやかな筋肉作りに役立ちます。また、15回を1セットとして、セットごとに60〜90秒のインターバルを入れて筋肉を休ませると、再び正しいフォームでトレーニングできます。

なお、筋トレによって筋肉が太く強く変化することを「超回復《ちょうかいふく》」といいます。筋トレで傷ついた筋肉は、48〜72時間で回復するとされていますから、同じ種目を2日続けて行うと筋肉の疲労がじゅうぶん回復できず、効果がきちんと得られないことがあります。**週2回、2〜3日おきにトレーニングを行うのがおすすめです。**

また、トレーニング直後の30分〜1時間は、筋肉が成長するゴールデンタイムです。たんぱく質や糖質などの栄養をこのタイミングでとることで、必要な栄養の吸収がよくなります。

お尻と太ももにダイレクトに刺激を注入

バンドスクワット Level 1

必ずやる骨格タイプ ☑Aタイプ ☑Bタイプ ☑Cタイプ

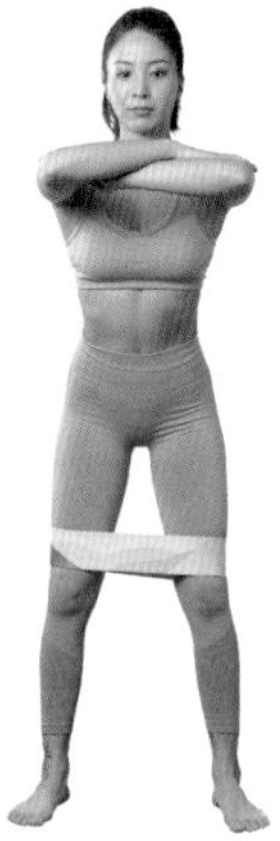

肩幅よりやや広めに足を開き、つま先は外向き。ひざは軽くゆるめておく

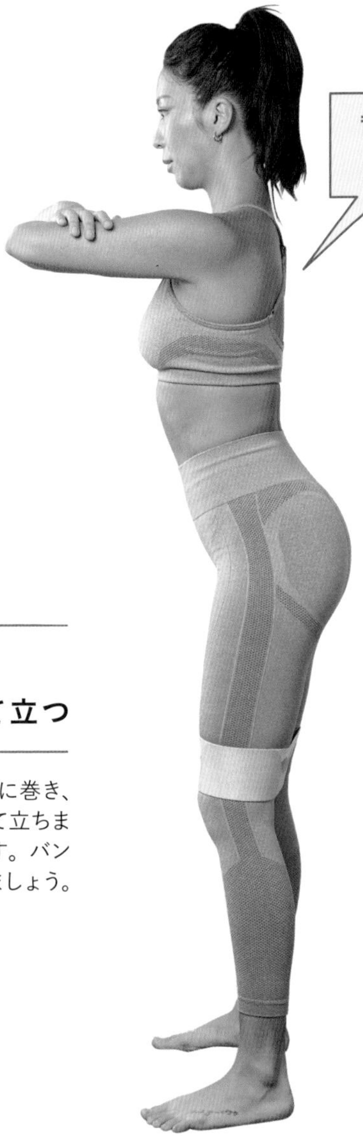

背すじはまっすぐ

1 ひざ上にバンドを巻いて立つ

エクササイズバンドをひざの上に巻き、肩幅よりも少し広めに足を開いて立ちます。両手は胸の前でクロスします。バンドの強度は3段階から適宜選びましょう。

バンドで固定することでフォームがくずれにくく、大臀筋やハムストリングスに正しく刺激が届きます。ひざや前ももではなく、お尻ともも裏、内ももの収縮で動くイメージで。

2　腰を落とす

3秒かけてゆっくりお尻を突き出すように腰を落とします。前傾姿勢を保ったまま、ななめに伸び上がるようにして3秒かけて同じ軌道でゆっくり元に戻ります。15回×3セット。

背すじがまっすぐ
一直線になるように

背中や腰が丸まらないように。お尻の筋肉の伸び縮みを感じながら

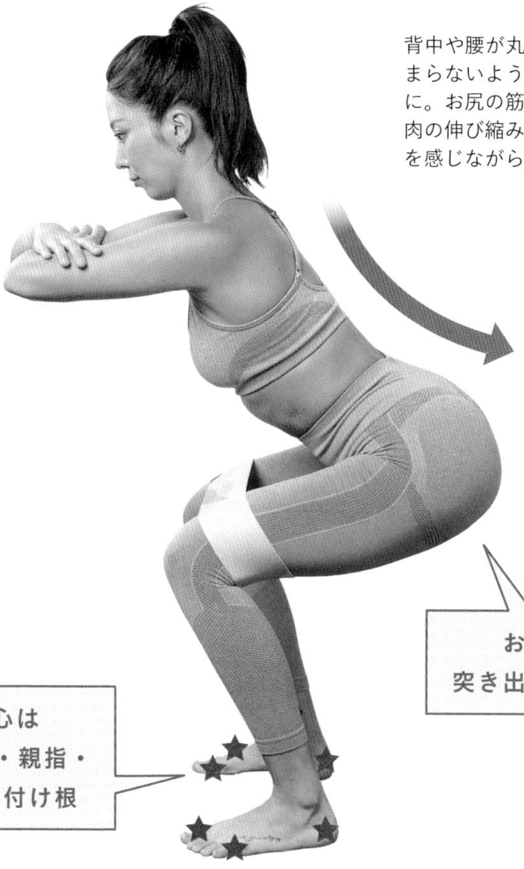
お尻を
突き出して前傾
重心は
かかと・親指・
小指の付け根

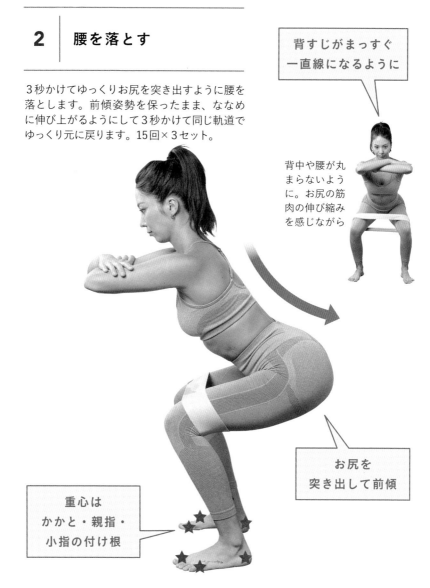

バンドスクワットをマスターする

コツ

お尻を
思い切り
突き出す

空気イスに座るようなイメージで思い切ってお尻を突き出します。

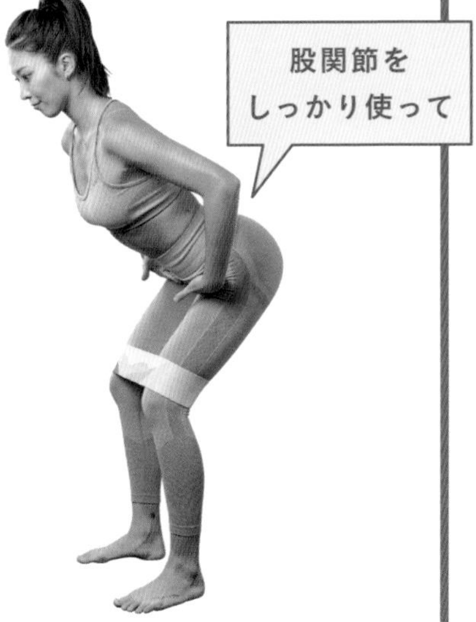
股関節を
しっかり使って

両手をそけい部に挟み、その手を下腹と前ももでつぶすようなイメージで腰を落としていくと、股関節の動きを意識できます。

これは
NG!

前ももや ふくらはぎが ムキムキに

猫背になってひざがつま先より前に出ると、前ももばかりに負荷がかかり、大臀筋やハムストリングスが鍛えられません。

背中が
丸い
ひざが
つま先よりも
前に出る
外側重心

もっとやりたい人に　Level upメニュー

バンドスクワット Level 2

1　ペットボトルを背中に担いで立つ

ペットボトル（2ℓ1本が目安）を肩と首の間にのせ、肩幅よりも少し広めに足を開いて立ちます。

2　3秒かけて腰を落とす

3秒かけてゆっくりお尻を突き出すように腰を落とします。前傾姿勢を保ったまま、ななめに伸び上がるようにして3秒かけて同じ軌道でゆっくり元に戻ります。15回×3セット。

片脚ずつ高負荷で確実に鍛える美尻のテッパン

ブルガリアンスクワット Level 1

必ずやる骨格タイプ	□Aタイプ	☑Bタイプ	☑Cタイプ

1 片脚で立つ

両手を腰に当て、セットポジションで決めた位置に左足を置き、右足をイスにのせて片脚で立ちます。肩甲骨を寄せ、上体は前傾させておきましょう。

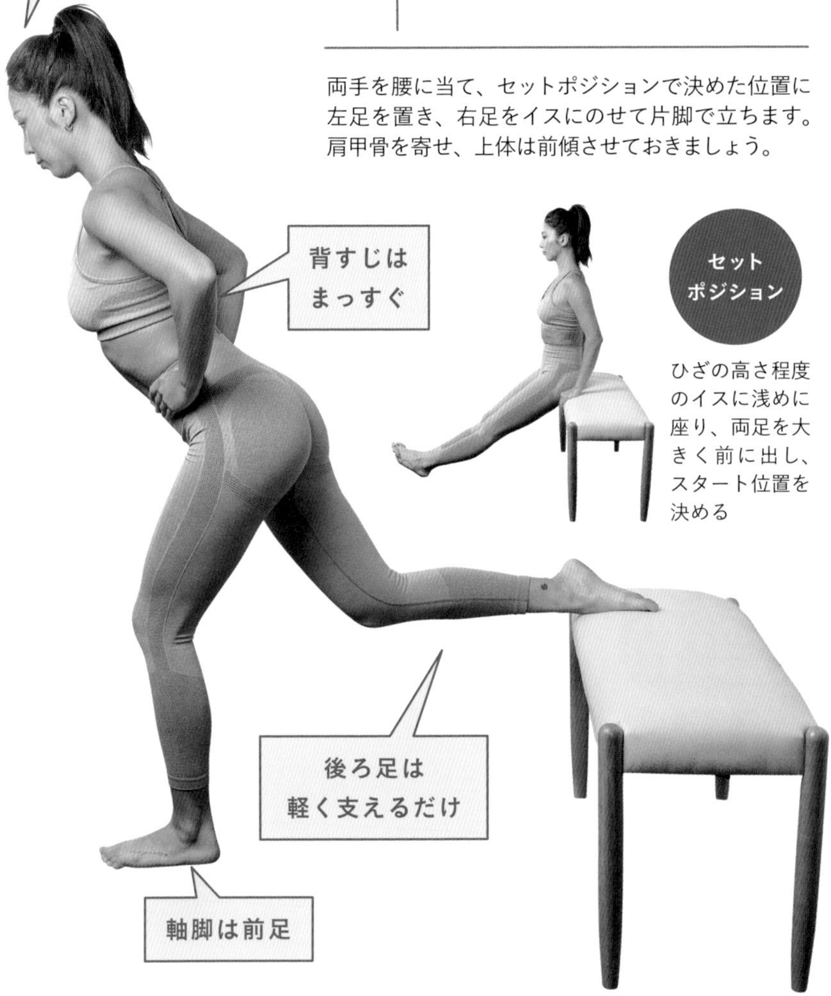
あごを引く
背すじは
まっすぐ
後ろ足は
軽く支えるだけ
軸脚は前足

セット
ポジション

ひざの高さ程度のイスに浅めに座り、両足を大きく前に出し、スタート位置を決める

片側ずつ高い負荷で集中的にお尻ともも裏を鍛えるため、キツイですが、効果は抜群。ポイントは、重心3か所と元に戻るときにななめの軌道を意識して伸び上がるように動くこと。

2 3秒かけて腰を落とす

左脚のももと床が平行になるまで、3秒かけてゆっくり腰を落とします。前傾姿勢を保ったまま、ななめに伸び上がるようにして3秒かけて同じ軌道でゆっくり元に戻ります。15回×3セット。左右を替えて反対側も同様に。

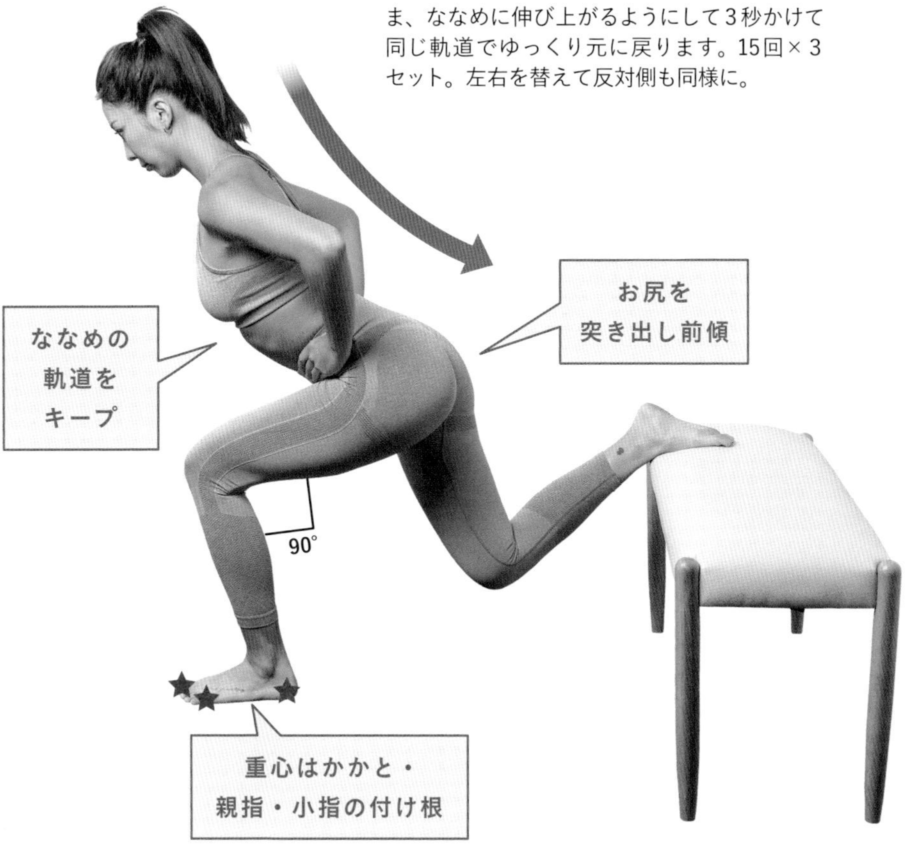
お尻を
突き出し前傾
ななめの
軌道を
キープ
90°
重心はかかと・
親指・小指の付け根

ブルガリアンスクワットをマスターする　コツ

前傾姿勢で腰を落とし、元に戻るときはお尻ともも裏が伸び縮みするのを感じながら、ななめに伸び上がるように動くのがポイント。

これはNG!

お尻より ふくらはぎや前ももに 刺激が入る

お尻でなくひざから動いたり、上体が垂直の姿勢で上下の軌道で動いたりすると、きちんと刺激が届きません。

もっとやりたい人に **Level upメニュー**

ブルガリアンスクワット Level 2

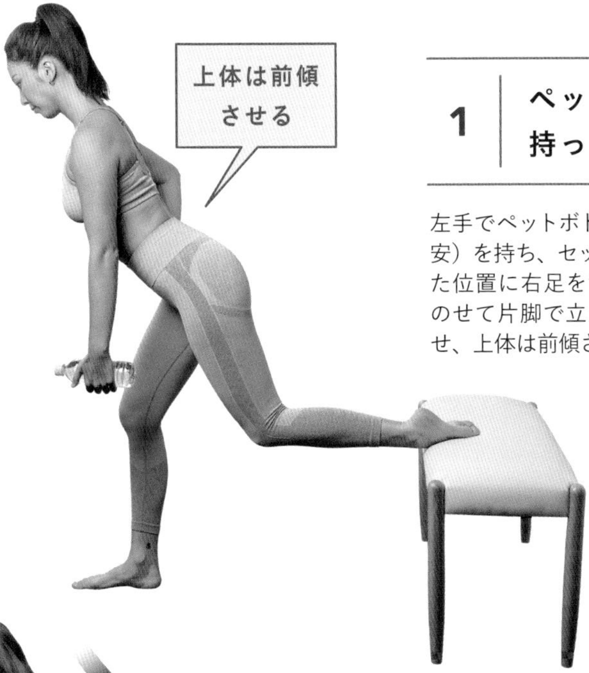

1 ペットボトルを持って立つ

左手でペットボトル（500mℓ１本が目安）を持ち、セットポジションで決めた位置に右足を置き、左足をイスにのせて片脚で立ちます。肩甲骨を寄せ、上体は前傾させておきましょう。

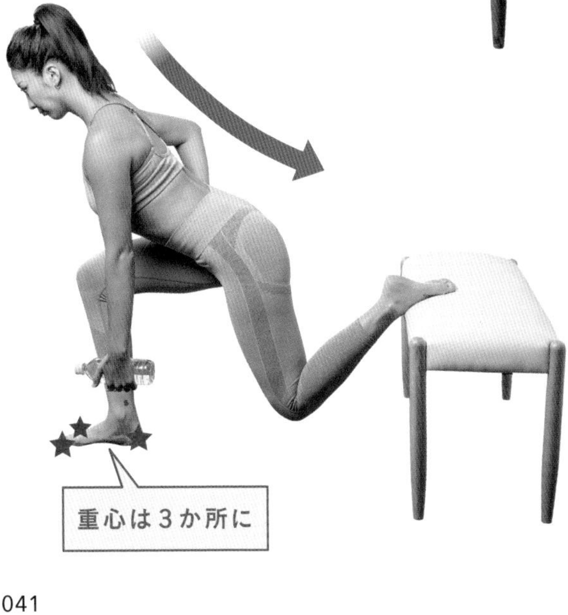

2 ３秒かけて腰を落とす

右脚のももと床が平行になるまで、３秒かけてゆっくり腰を落とします。前傾姿勢を保ったまま、ななめに伸び上がるようにして３秒かけて同じ軌道でゆっくり元に戻ります。15回×３セット。左右を替えて反対側も同様に。

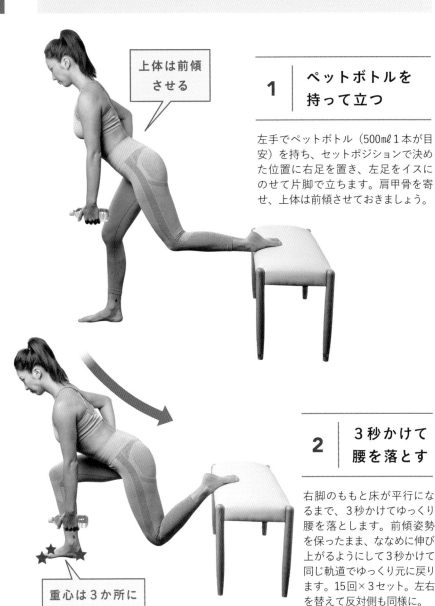

セルライトたっぷりのもも裏筋が目覚める

ルーマニアンデッドリフト

必ずやる骨格タイプ　☑Aタイプ　□Bタイプ　□Cタイプ

背すじを伸ばし、肩甲骨を寄せて胸を開く。ひざはゆるめておく

1　ペットボトルを持って立つ

両手でペットボトル（2ℓ1本が目安）を持ち、足を腰幅に開いて立ちます。つま先はまっすぐ前に向けておきます。

下半身の裏側の筋肉を一気に刺激できる地味にキツイ種目ですが、効果は絶大。もも裏がビリビリ感じたら効いているサインです。お尻からもも裏にかけて最も響く位置を探りましょう。

2 前傾しながらペットボトルを下ろす

お尻を突き出し、股関節を折りたたむように曲げながら前傾し、ペットボトルが前ももを伝うようにゆっくりペットボトルを下ろしていきます。お尻が最大限に伸びるところまで下ろしたら、1秒キープ。同じ軌道でゆっくり元に戻ります。15回×3セット。

お尻から
もも裏が
ビリビリ
感じたらOK
かかと重心
ペットボトルが
体から
離れないように

ひざを軽く曲げ、お尻を後ろに遠ざけるように引き、ビリビリと刺激を感じるのを意識して

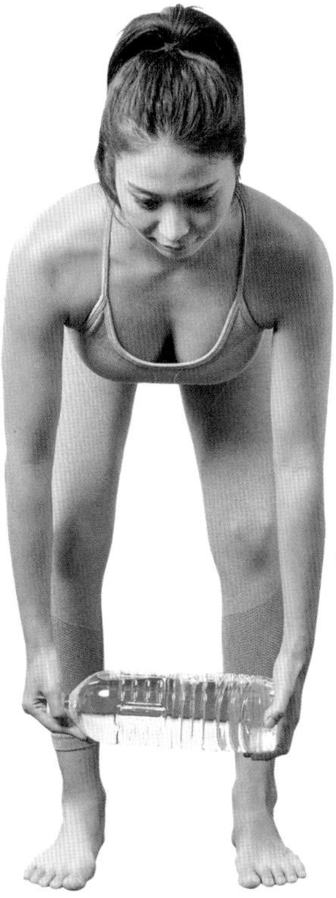
太ももから
ひざ下に
沿わせるように

ルーマニアンデッドリフトをマスターする コツ

もも裏にビリビリと痛みを感じたら、正しく効いているサイン。ふだんほとんど使われず、眠っていた筋肉が伸びて目覚めていることを示しています。

深く下ろすほど
強度アップ！

これはNG! ヒップアップ効果半減！

腰がそったり、背中が丸まっていたり、体からペットボトルが離れていたりすると、大臀筋やハムストリングスにきちんと刺激が入りません。

腰が
そっている
負荷が体から
離れている

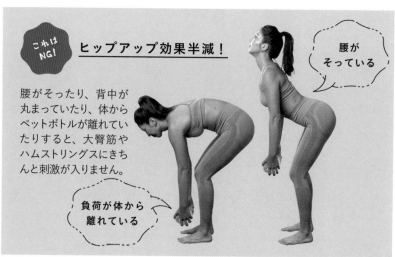

もっとやりたい人に **Level upメニュー**

ワンレッグルーマニアンデッドリフト

背すじは
まっすぐ
軸脚は
前足

1 ペットボトルを持って片脚に重心をかける

両手でペットボトル（2ℓ1本が目安）を持ち、大きく右足を後ろに引いて、左足に体重をかけます。右足は軽く床に置く程度に。

お尻からもも裏が
ビリビリ
感じたらOK

2 前傾しながらペットボトルを下ろす

左側の股関節を折りたたむように曲げながら前傾し、前ももからひざ下にかけてゆっくりペットボトルを下ろしていきます。お尻が最大限に伸びるところまで下ろしたら、1秒キープ。同じ軌道でゆっくり元に戻ります。15回×3セット。左右を替えて反対側も同様に行います。

内もも肉を削ぎ落とし、美尻も叶える

ワイドスクワット Level 1

必ずやる骨格タイプ ☑ A タイプ　□ B タイプ　□ C タイプ

1 大きく足を開いて立つ

肩幅の2倍程度に足を大きく開いて立ちます。両手は胸の前でクロスします。

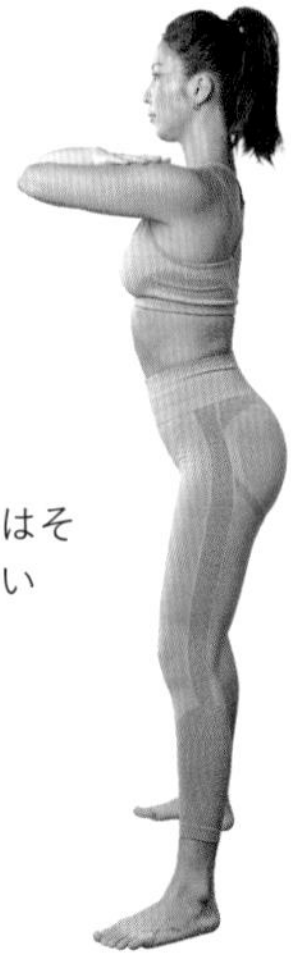
胸や腰はそらさない

背すじはまっすぐ
ひざは伸ばし切らない
ひざとつま先はやや外向き

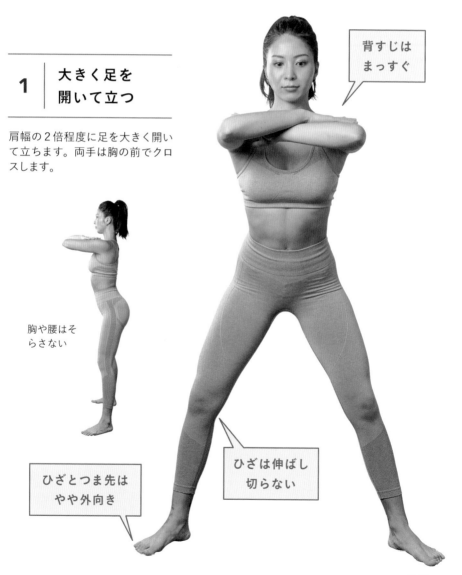

大きく足を開くスクワットで、鍛えにくい内転筋にしっかり刺激が届きます。ひざは外向き、内側重心を心がけることで、スキニージーンズの似合うほっそり美脚に。

2　3秒かけて腰を落とす

ゆっくりお尻を突き出すようにして3秒かけて腰を落とします。前傾姿勢を保ったまま、ななめに伸び上がるようにして3秒かけて同じ軌道でゆっくり元に戻ります。15回×3セット。

お尻と内ももの筋肉の伸び縮みを感じながら、ひざが90度になるまで腰を落とす

お尻を突き出して前傾
90°
90°
重心は内くるぶしと親指の付け根に
ひざは外向きをキープ

ワイドスクワットをマスターする コツ

ひざとつま先の向きをそろえ、内側重心で股関節から動かし、ひざを外に開いていくイメージで行うと、内転筋をしっかり刺激できます。

足の付け根から腰を落とすイメージで
ひざとつま先の向きをそろえる
ひざが内側に入らないようキープ

これはNG!

ひざが内側に入ると前ももに刺激が入る（股関節が使えない）

ひざが内側に入ると内転筋がきちんと使えず、前ももがムキムキに。難しい場合は足幅をやや狭めに設定して行いましょう。

ひざが内側に入る
正しいひざの位置

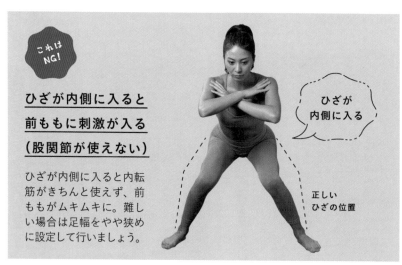

もっとやりたい人に **Level upメニュー**

ワイドスクワット Level 2

1 ペットボトルを持って立つ

両手でペットボトル（2ℓ1本が目安）を持ち、肩幅の2倍程度に足を大きく開いて立ちます。

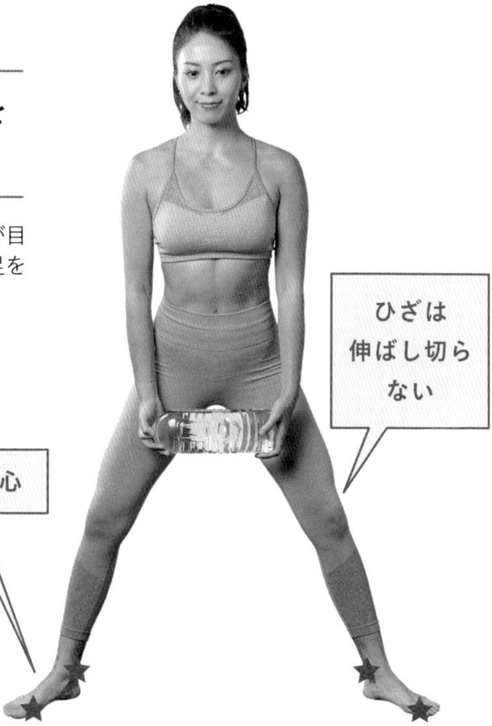
ひざは伸ばし切らない
内側重心

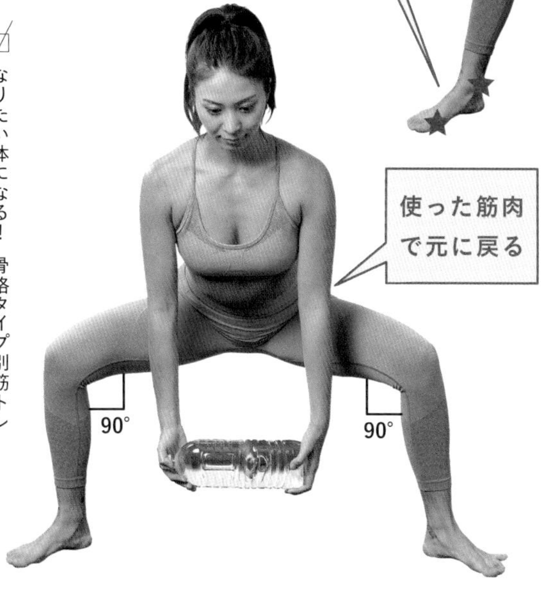
使った筋肉で元に戻る
90°
90°

2 3秒かけて腰を落とす

ゆっくりお尻を突き出すようにして3秒かけて腰を落とします。前傾姿勢を保ったまま、ななめに伸び上がるようにして3秒かけて同じ軌道でゆっくり元に戻ります。15回×3セット。

寄せて引いて天使の羽の浮き出た美背中に

ダンベルベントロウ Level 1

必ずやる骨格タイプ ☑Aタイプ □Bタイプ ☑Cタイプ

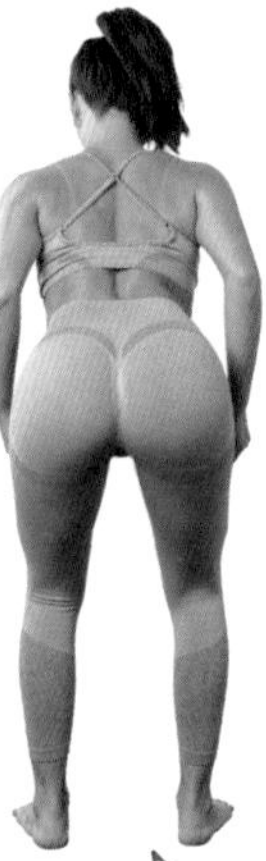
肩甲骨を下げ、
背中はまっすぐ
足は腰幅に

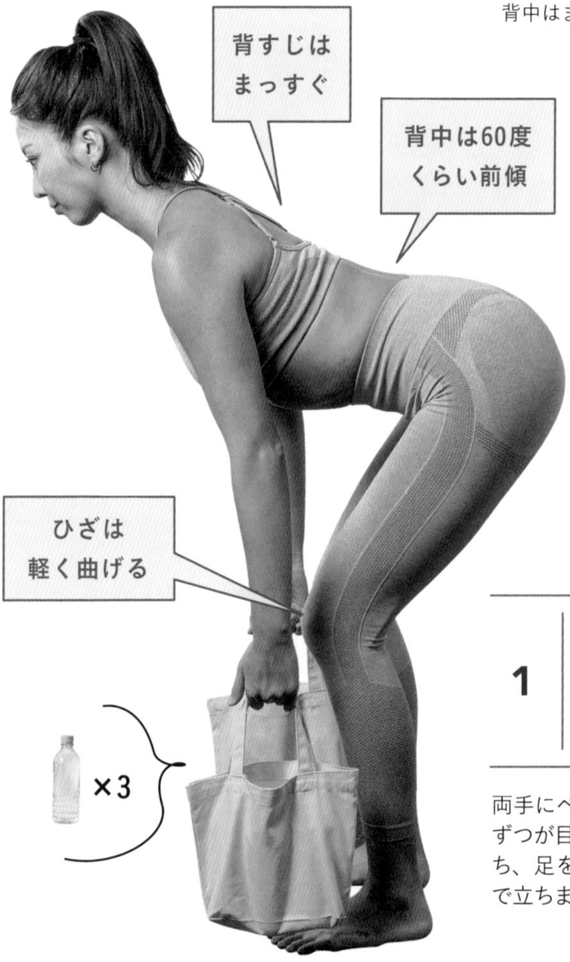
背すじは
まっすぐ
背中は60度
くらい前傾
ひざは
軽く曲げる

×3

1 ペットボトルを持って立ち、前傾姿勢に

両手にペットボトル（500mℓ3本ずつが目安）を入れたバッグを持ち、足を腰幅に開き、前傾姿勢で立ちます。

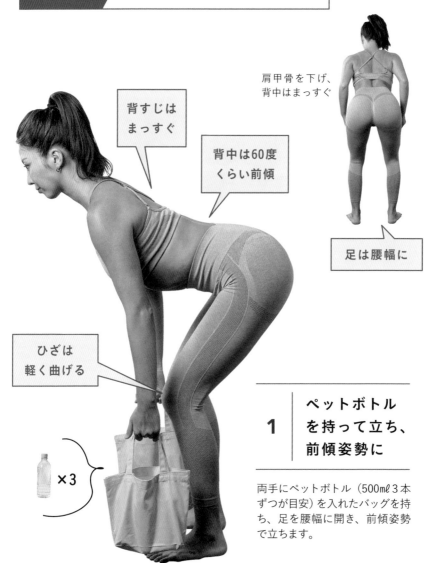

猫背や巻き肩などにより、多くの人は背中が硬く、きちんと使えていません。肩甲骨を内側に寄せてから、その動きで自然とひじを後ろに引くイメージで行うのがポイント。

2 背中を寄せながらひじを引く

背中の左右を寄せながら胸を張り、ひじを後ろに引き、1秒キープ。前傾姿勢を保ったまま、3秒かけてゆっくり元に戻ります。15回×3セット。

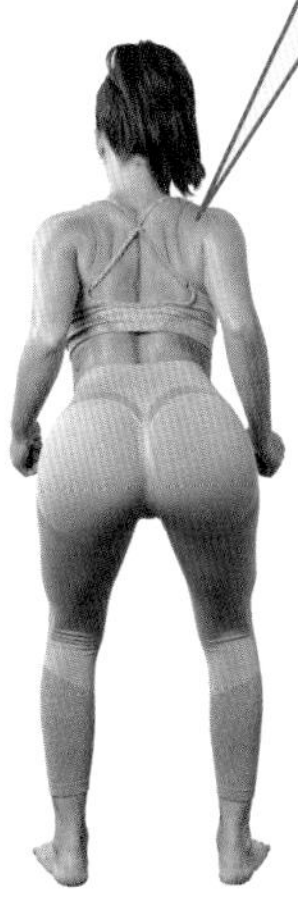

背中の筋肉を収縮させることで自然とひじが後ろに引かれるイメージで

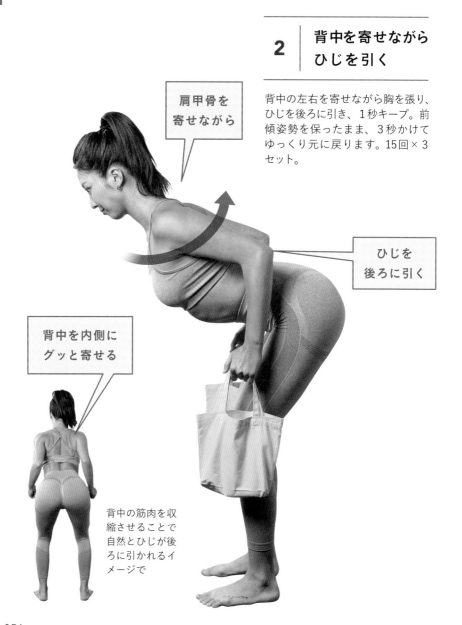

ダンベルベントロウをマスターする コツ

腕で動かすのではなく、背中に効いていることを確認しながらじっくりていねいに行いましょう。

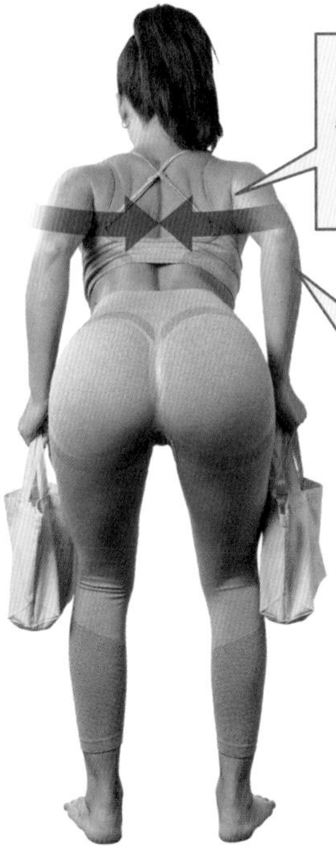
腕でなく
背中の筋肉で
動かす
背中→ひじの
順で動く
イメージ

手のひらを上向きにして握ると背中の上部から下部まで、全体をまんべんなく鍛えられます。

これは NG!

首をすくめたり、肩が上がったりすると背中に効かず、二の腕がたくましくなる

肩が上がった猫背の姿勢では背中に刺激が届かず、肩や二の腕がムキムキになってしまいます。

肩が
上がる
腕を
使って
引く

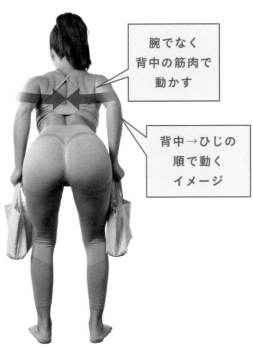

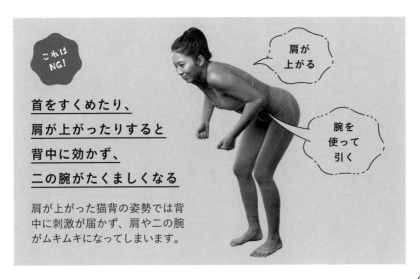

もっとやりたい人に　**Level upメニュー**

ダンベルベントロウ Level 2

負荷をプラス！

ペットボトルを4本ずつにしてレベルアップ

1　ペットボトルを持って立ち、前傾姿勢に

両手にペットボトル（500mℓ 4本ずつが目安）を入れたバッグを持ち、足を腰幅に開き、前傾姿勢で立ちます。

2　背中を寄せながらひじを引く

背中の左右を寄せながら胸を張り、ひじを後ろに引き、1秒キープ。前傾姿勢を保ったまま、3秒かけてゆっくり元に戻ります。15回×3セット。

背中のハミ肉を片腕ずつひねりつぶす

ワンハンドロウイング Level 1

必ずやる骨格タイプ　☐ A タイプ　☑ B タイプ　☐ C タイプ

1　左手にペットボトルを持ち、イスに左足でバランスよく立つ

左手にペットボトル（500mℓ 1本が目安）を持ち、右手と右ひざをイスなどに置き、バランスをとって左足で立ちます。体重を左足にのせて両肩と骨盤をイスと平行にし、頭の先からお尻の先が一直線になるようにします。

不安定なイスの上でバランスをとりながら片側ずつ鍛えるこの種目のほうが、両手で行うダンベルベントロウ（→ P.50）よりも難易度高め。肩甲骨周辺の可動域が格段に高まります。

2 背中を寄せながら左ひじを引く

背中の左側を収縮するようなイメージで胸を張り、左ひじを後ろに引き、1秒キープ。前傾姿勢を保ったまま、3秒かけて同じ軌道でゆっくり元に戻ります。15回×3セット。左右を替えて反対側も同様に。

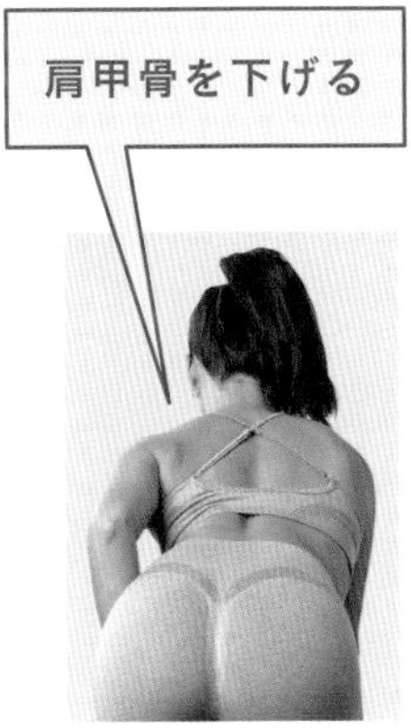
肩甲骨を下げる

背中の左側をつぶすように、思い切り後ろにひじを引く。肩が上がらないよう注意

背中を内側に
グッと寄せる
ひじを後ろ
に引く

ワンハンドロウイングをマスターする コツ

不安定な体勢で行うと、フォームがくずれてきちんと背中に刺激が届きません。セットポジションを確実に決め、安定させて行うのがコツ。

**正しい
フォームを
保ちながら**

これは NG!

上半身が開き、フォームがくずれると背中トレできない

イスにのせている足に体重がかかり過ぎると、上半身がねじれて背中に負荷がかかりません。腕の力で上げ下げするのもNG。

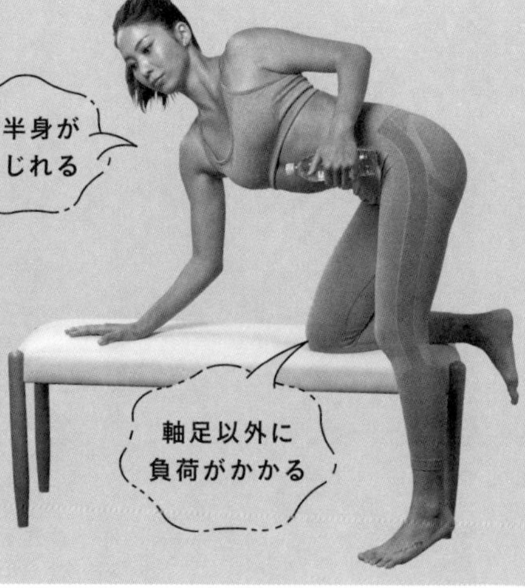

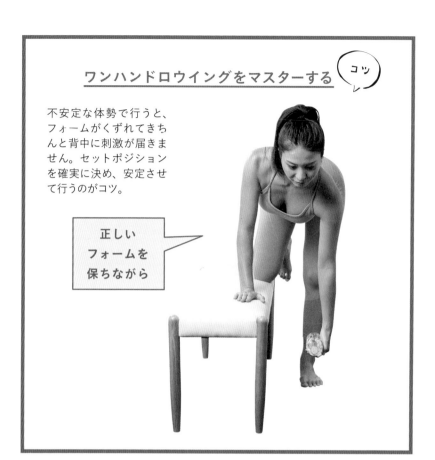

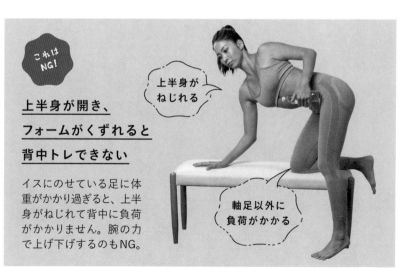

もっとやりたい人に **Level upメニュー**

ワンハンドロウイング Level 2

負荷をプラス！

ペットボトルを３本にしてレベルアップ

1 左手にペットボトルを持ち、イスに左足でバランスよく立つ

左手にペットボトル（500mℓ３本が目安）を持ち、右手と右ひざをイスなどに置き、バランスをとって立ちます。

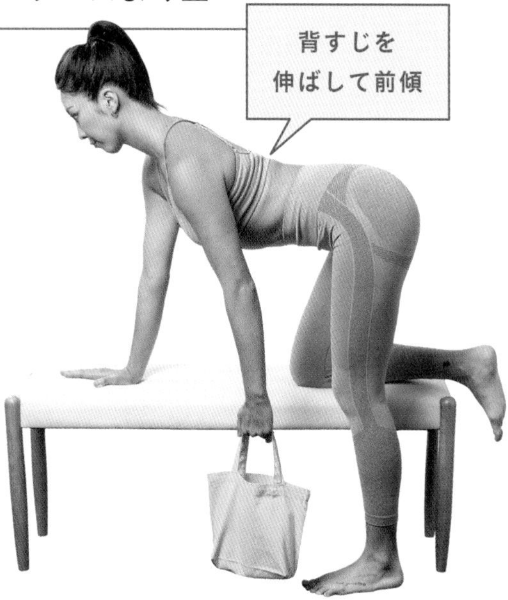

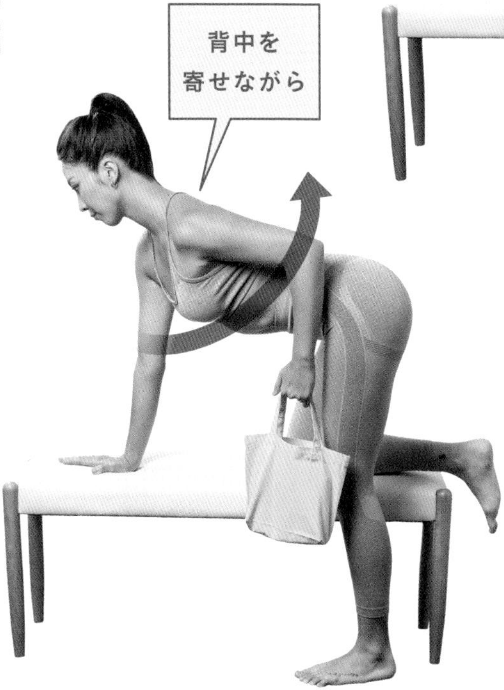

2 背中を寄せながら左ひじを引く

背中の左側を収縮するようなイメージで胸を張り、ひじを後ろに引き、１秒キープ。前傾姿勢を保ったまま、３秒かけて同じ軌道でゆっくり元に戻ります。15回×３セット。左右を替えて反対側も同様に。

リズミカルにねじってわき腹の脂肪を振り落とす

ツイストプランク Level 1

必ずやる骨格タイプ　□ A タイプ　☑ B タイプ　☑ C タイプ

1　うつぶせになり、肩の真下にひじをつく

うつぶせになり、肩幅よりやや広めの位置に両ひじをつき、腰を持ち上げて体を浮かせます。背すじを伸ばし、頭からかかとまで一直線になるようにして全身を支えます。肩甲骨は下げておきます。

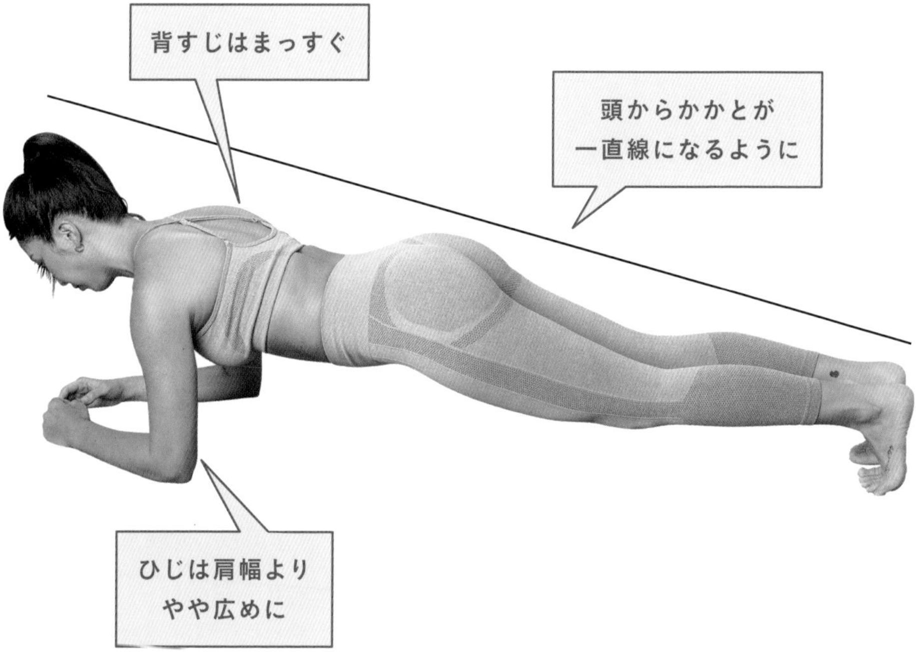

体を一直線にして体幹を鍛えるトレーニング。おなかの中央を走る腹直筋を強化し、ねじりを加えて腹斜筋や深層筋である腹横筋も鍛え、埋もれていたくびれを復活させます。

体勢をキープしながらリズミカルに

2 体を左右にひねる

その状態のまま、体を左右にリズミカルにひねります。左右交互に20回×2セット。

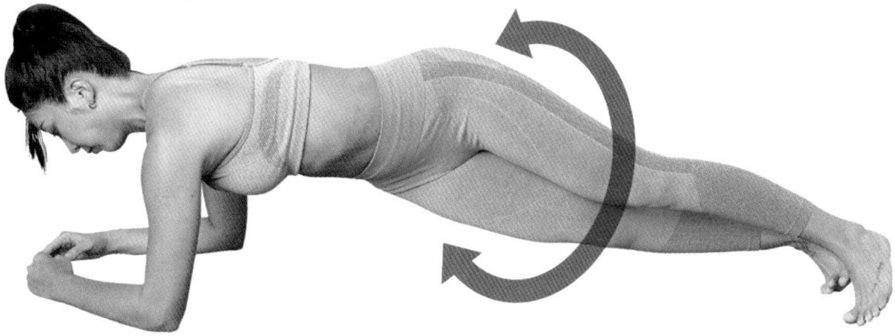

もっとやりたい人に Level upメニュー

ツイストプランク Level 2

➡ 左右交互に 30回×2セット

回数をプラス！

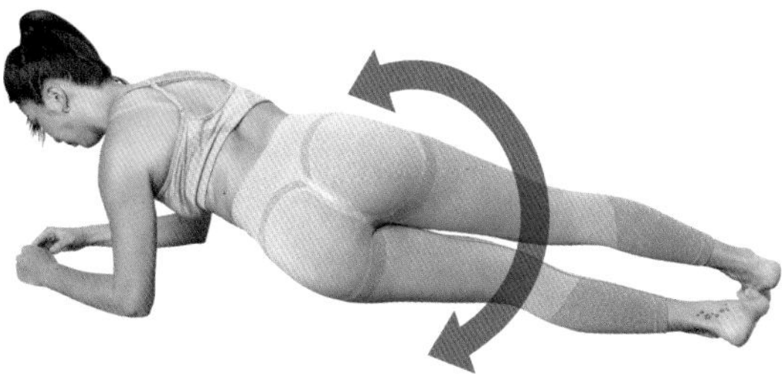

これはNG！

お尻が上がるとおなかに刺激が届かない

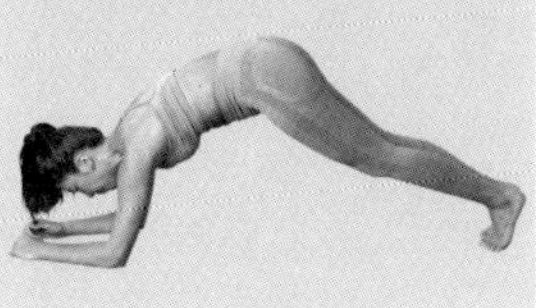

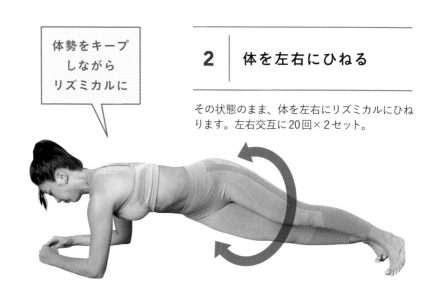

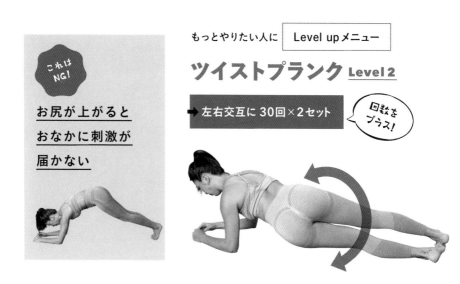

ボディラインを整えウエストシェイプ

サイドブリッジ Level 1

必ずやる骨格タイプ □Aタイプ ☑Bタイプ □Cタイプ

1 床に横になり、上体を起こす

床に体の右側を下にして横になり、上体を起こして両脚は重ねます。右ひじを床に置いて体を支え、左手はおなかに添えて動かすところを意識。

右ひじと
右肩は
床に垂直に

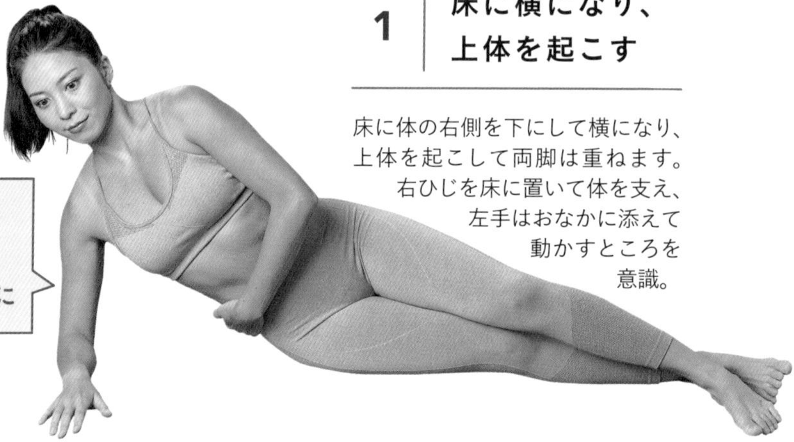

2 右ひじで体を持ち上げる

右腕と右足を支点にして体を持ち上げ、一直線の体勢を保ったまま3秒キープ。元に戻ります。10回×2セット。左右を替えて反対側も同様に。

頭からかかとが
一直線になるように

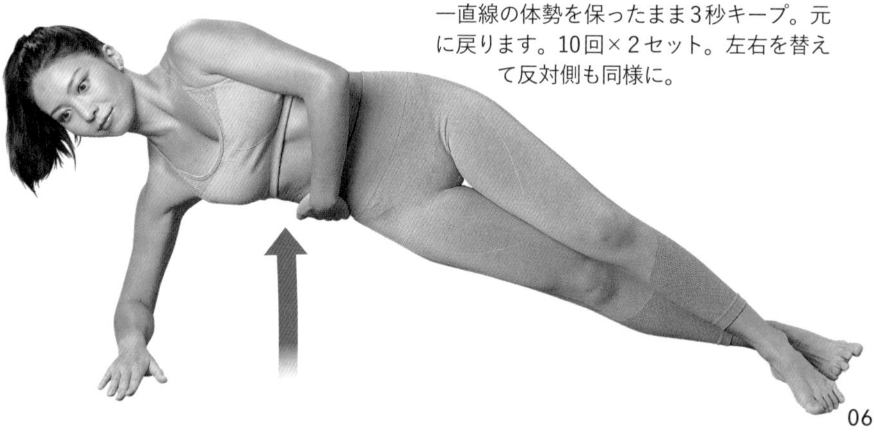

腹斜筋を片側ずつていねいに動かし強化することで、ぜい肉を寄せ付けません。フォームを保つことで鍛えにくい背中やお尻の筋肉も連動して使われ、若見えするシルエットに。

サイドブリッジをマスターする

コツ

ひじをついていないほうの手を体の横に沿わせて行うと、バランスがとりにくく、より不安定になり、トレーニング効果がアップします。

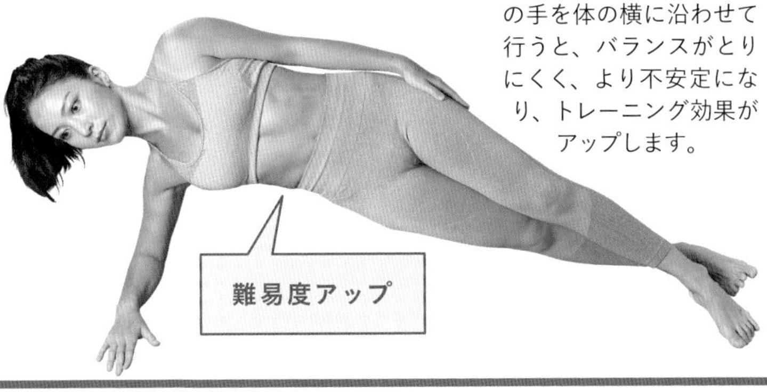

これは NG!

上体がねじれるとおなかに刺激が届かない

上体がねじれた体勢で行うと、フォームがくずれてきちんと腹斜筋に刺激が届きません。腕や肩に刺激が入ってしまいます。

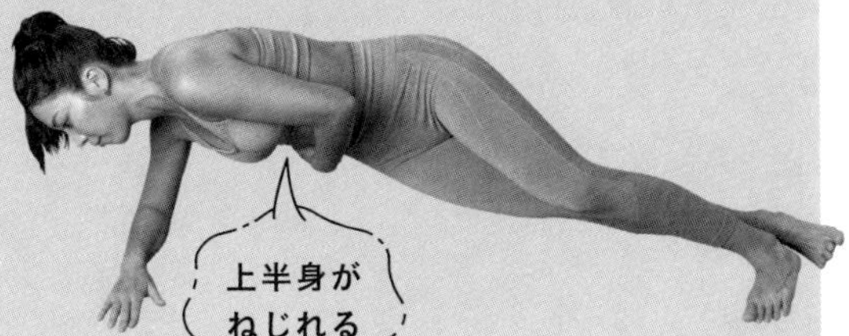

もっとやりたい人に　Level upメニュー

サイドブリッジ Level 2 → 10回×3セット

回数をプラス!

沈む力で削げたデコルテをボリュームアップ

ひざつきプッシュアップ Level 1

必ずやる骨格タイプ　☑Aタイプ　□Bタイプ　☑Cタイプ

1　手とひざを床につけて体を支える

肩幅より広めの位置に両手をつき、両ひざは床につけ、ひざから下はそろえて伸ばします。目線は下へ。

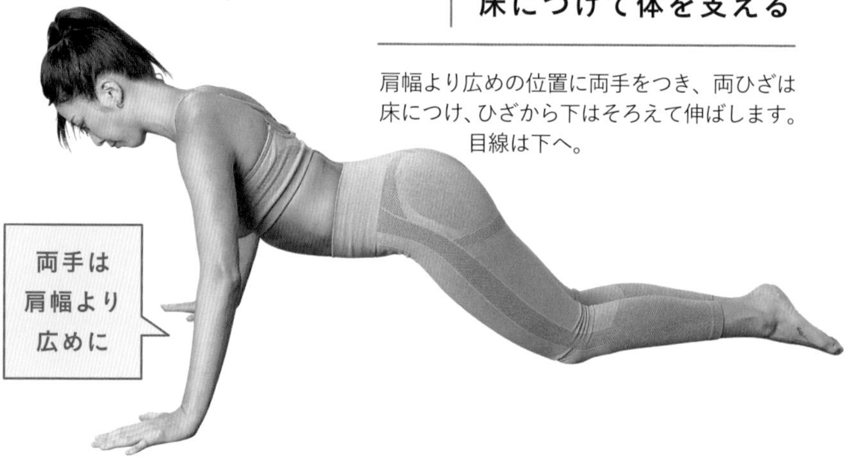

2　ひじを曲げて深く沈む

胸を張りながら、ひじを90度に曲げてゆっくり深く沈んだら、すぐに元に戻ります。胸の筋肉の収縮で上半身が動くイメージです。10回×2セット。

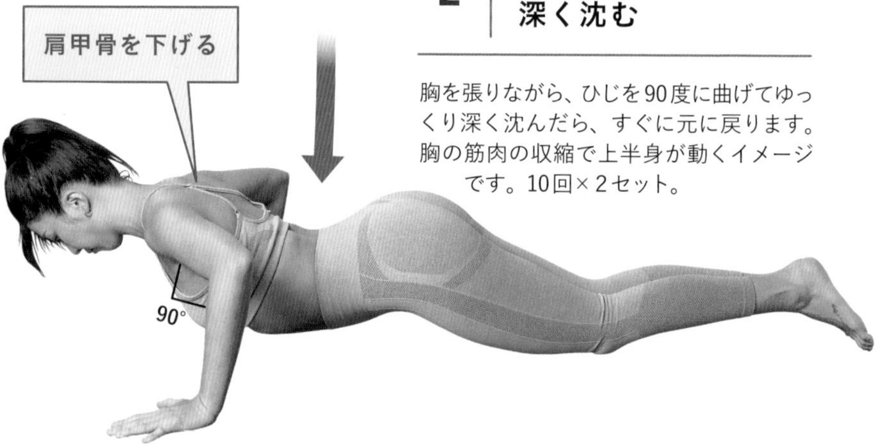

デコルテ周りの大胸筋が衰えると、どんどんバスト位置が下垂してしまいます。わきを締め、おなかを持ち上げるように行うとハリのある立体的なバストラインに。

ひざつきプッシュアップをマスターする

コツ

手の位置は
バストトップと
一直線上に

ひじの角度が90度になるまで深く沈むと、大胸筋に刺激がきちんと届き、二の腕裏の上腕三頭筋も引き締まります。

これは NG!

ひじが開いて、肩に力が入ると胸に刺激が届かない

手をつく位置がバストトップより上になると、肩や首に力が入り、前腕や肩周りが太くたくましくなってしまいます。

肩に力が
入っている

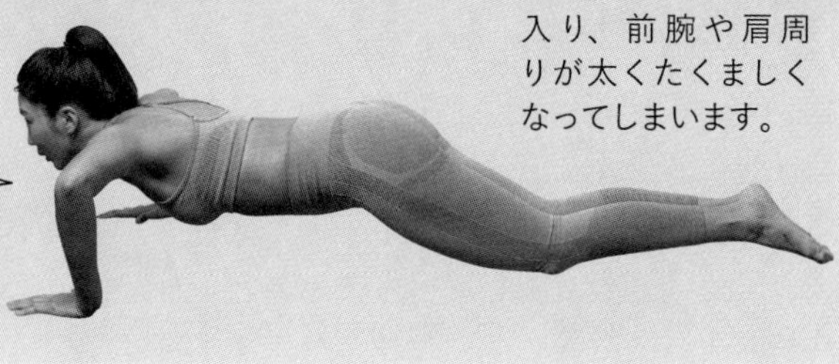

もっとやりたい人に　Level upメニュー

回数をプラス！

ひざつきプッシュアップ Level 2 ➡ 10回×3セット

骨格タイプ別

おすすめトレーニングプログラム

週2~3回でOK！

ベーシック編

Part 2の骨格タイプ別筋トレを、上半身→下半身の順で行い、Part 3の腹筋トレを適宜加え、全6種目行います。週2回、2～3日おきに行いましょう(例：月・木曜にトレーニングし、その他はお休み)。初心者におすすめ。

Aタイプ

- ひざつきプッシュアップ → **P.62**
- ダンベルベントロウ → **P.50**
- バンドスクワット → **P.34**
- ワイドスクワット → **P.46**
- ルーマニアンデッドリフト → **P.42**

＋ シングルレッグレイズ → **P.74** など

Bタイプ

- サイドブリッジ → **P.60**
- ツイストプランク → **P.58**
- ワンハンドロウイング → **P.54**
- バンドスクワット → **P.34**
- ブルガリアンスクワット → **P.38**

＋ ドローイン → **P.76** など

Cタイプ

- ひざつきプッシュアップ → **P.62**
- ツイストプランク → **P.58**
- ダンベルベントロウ → **P.50**
- バンドスクワット → **P.34**
- ブルガリアンスクワット → **P.38**

＋ ツイストクランチ → **P.72** など

筋トレ効果を最大限に得るため、骨格タイプ別・トレーニングメニューを作りました。全身を１回で鍛えるベーシック編と、全身を上半身･下半身に分割してさらに鍛えるアレンジ編です。同じパーツを２日続けて鍛えないようにしましょう。

アレンジ編

慣れてきたら、上半身と下半身に分けてトレーニングすると、全身がバランスよく鍛えられます。同じパーツではないので1日おきに交互に行ってもOK。トレーニング回数をふやすことでシェイプアップ効果も高まります。

例：下半身	例：上半身
●バンドスクワット → **P.34** ●ワイドスクワット → **P.46** ●ルーマニアンデッドリフト → **P.42** ●クラブウォーク → **P.80**	●ひざつきプッシュアップ → **P.62** ●ダンベルベントロウ → **P.50** ●ダンベルフライ → **P.86** ●ダンベルプレス → **P.84** ●サイドベント → **P.68**
●バンドスクワット → **P.34** ●ブルガリアンスクワット → **P.38** ●バンドヒップリフト → **P.78** ●バックキック → **P.82**	●サイドブリッジ → **P.60** ●ツイストプランク → **P.58** ●ワンハンドロウイング → **P.54** ●ダンベルプレス → **P.84** ●トウタッチ → **P.70**
●バンドスクワット → **P.34** ●ブルガリアンスクワット → **P.38** ●バックキック → **P.82** ●クラブウォーク → **P.80**	●ひざつきプッシュアップ → **P.62** ●ツイストプランク → **P.58** ●ダンベルベントロウ → **P.50** ●ダンベルプルオーバー → **P.88** ●バックエクステンション → **P.90**

COLUMN

スクワット前にやりたい！ 壁トレでお尻スイッチを入れる

大臀筋が使えていない状態でスクワットをすると、大腿四頭筋が発達して前ももがムキムキに。このトレーニングで「大臀筋の伸縮によって足が動く」という感覚をつかんでください。

左右に足を動かす

① ひざ上にバンドを巻いて壁に手をついて立つ

バンドをひざの上に巻き、壁に手をついて立ちます。足を肩幅に開いて立ち、右足に体重をかけます。

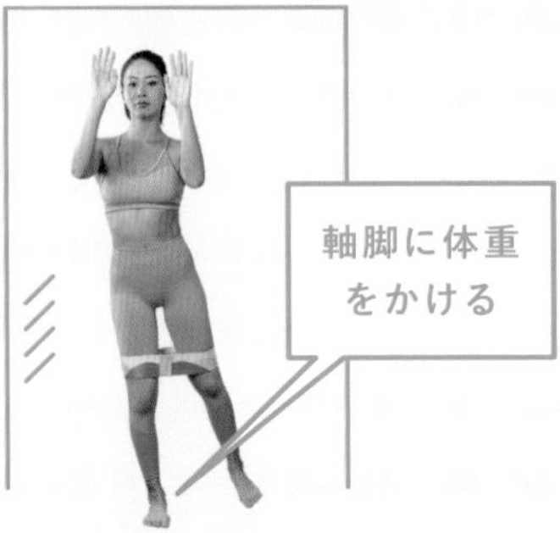
軸脚に体重
をかける

② 足を上げ下げする

お尻の筋肉を縮めながら左足を横に上げ、伸ばしながら下ろします。反対側も同様に合計20回行います。

最初に
お尻が動き、
足がついてくる
イメージで

前後に足を動かす

① ひざ上にバンドを巻いて壁に手をついて立つ

バンドをひざの上に巻き、壁に手をついて立ちます。壁とつま先の間は1歩分空け、左足を軽く引きます。

軸脚に体重
をかける

② 足を上げ下げする

お尻の筋肉を縮めながら左足を上げ、伸ばしながら下ろします。反対側も同様に合計20回行います。

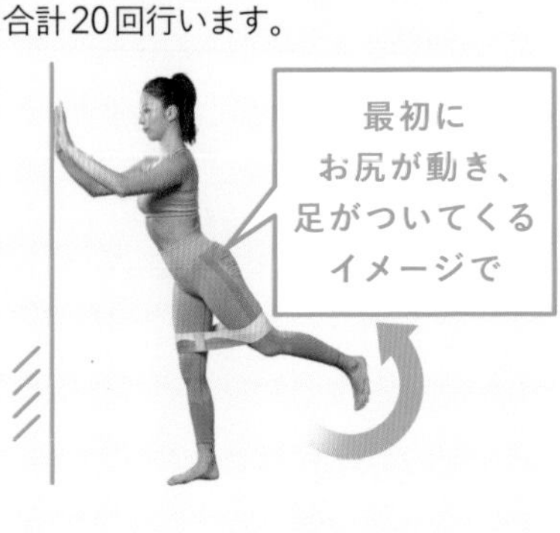
最初に
お尻が動き、
足がついてくる
イメージで

※軸足側のお尻に負荷を感じるのはOK。

Part 3

もっとメリハリ！ パーツ別メソッド

ベースとなる筋肉を形作りながら、気になるパーツを狙い撃ちする種目を組み合わせると、さらになりたい体に近づきます。絞りたいところは絞り、ボリュームアップしたいところは大きくしてメリハリボディが思いのまま。全骨格タイプにおすすめのメニューです。

腰回りスッキリ！ ダブつく浮き輪肉を削ぎ落とす

サイドベント

➡ 左右交互に20回×2セット

肩甲骨を下げて胸を張る

足は腰幅

1 ペットボトルを持ち、足を開いて立つ

右手にペットボトル（500mℓ1本が目安）を持ち、腰幅に足を開いて立ちます。

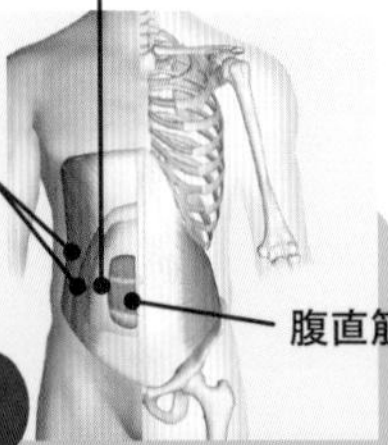
腹斜筋
腹横筋（深層）
腹直筋

Point
インナー筋とアウター筋をバランスよく鍛える

わき腹の腹斜筋とインナー筋をバランスよく鍛えるトレーニング。ウエイトを持っていないほうのわき腹の筋肉を伸ばしたり縮めたりする動きでわき腹を引き締めます。

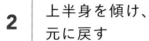

2　上半身を傾け、元に戻す

上体を右に45度ほど傾け、左のわき腹の筋肉を縮めながら元の姿勢に戻ります。左右を替えて反対側も同様に。

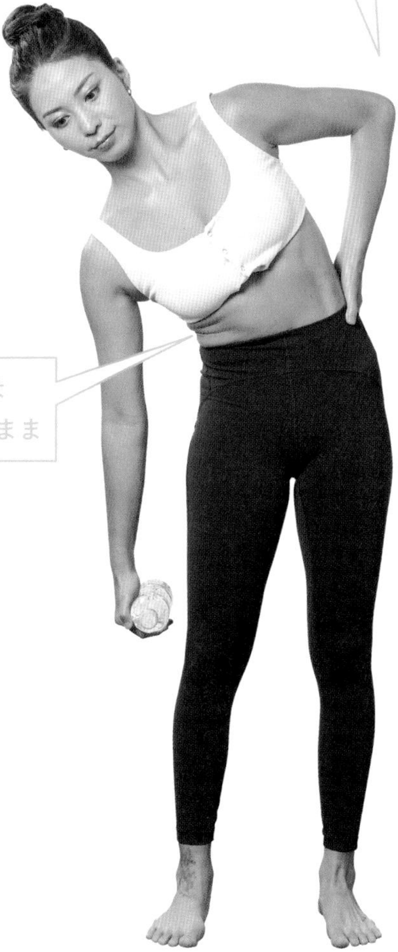

Point

空いている手でわき腹を触り、筋肉の伸び縮みを感じましょう

ウエストを大きくねじってハミ肉を絞り取る

トウタッチ

➡ 左右交互に20回×2セット

1　足を大きく開いて立ち、ペットボトルを持って上体をひねる

肩幅よりも広めに足を開いて立ち、左手にペットボトル（500mℓ1本が目安）を持ちます。上半身を右側にひねって上体を右に向けます。

目線は
右足先へ

足は肩幅
より広く

Point

空いている手でウエストを触り、筋肉の伸び縮みを感じましょう

ウエストはほうっておくと脂肪がつきやすいパーツです。このトレーニングでふだん動かさないわき腹の筋肉をダイナミックに刺激し、引き締まったウエストを作りましょう。

2 右足のつま先に ペットボトルを下ろす

上体を倒しながら、右足のつま先に向けてペットボトルを下ろし、元の姿勢に戻ります。左右を替えて反対側も同様に。

広がった肋骨を引き締め内臓の位置を整える

ツイストクランチ

➡ 左右交互に10回×2セット

1 両ひざを曲げて あお向けになる

両ひざを曲げてあお向けになり、上体を起こし、おへそを見ます。両手を軽く顔の横に添えておきます。

ひざと股関節は
90度

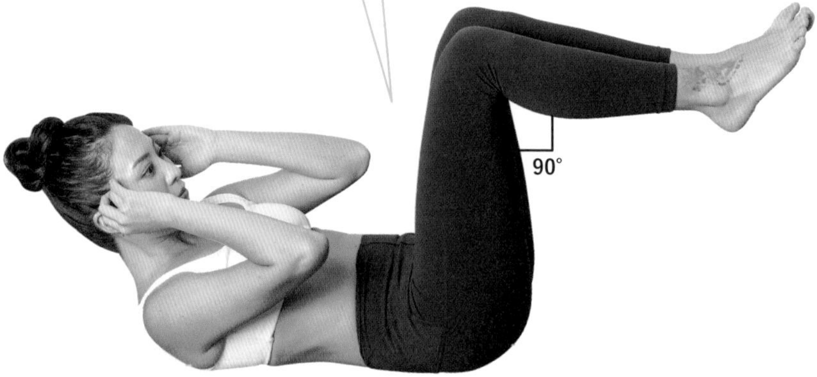

体をひねりながらわき腹にある腹斜筋を鍛えて外側から締め付ける力を強化します。広がった肋骨が引き締まり、下垂していた内臓が元の位置に戻り、ぽっこりおなかがフラットに。

2 上体をひねり右ももと左ひじをタッチ

上体を右側にひねって左足を伸ばし、左ひじを右太ももの外側にタッチします。

3 同様に左ももと右ひじをタッチ

1 の姿勢に戻り、上体を左側にひねって右足を伸ばし、右ひじを左太ももの外側にタッチします。

腹筋の奥底のコルセット筋を狙って締める

シングルレッグレイズ

➡ 左右交互に20回×2セット

1 あお向けになり両脚を持ち上げる

あお向けになりおなかの力で脚を持ち上げ、太ももと床が90度になるようにします。手は体の真横に自然に伸ばします。

Point
大腰筋
腸骨筋
腸腰筋

腹直筋下部の深層筋にアプローチ！
ひざは伸ばし切らない
90°

腹筋の力で片脚ずつ上げ下げすることで、腹直筋下部の深層筋・腸腰筋（大腰筋と腸骨筋）を鍛えます。腸腰筋はコルセットのように内臓を支えているので、鍛えるとペタ腹効果は絶大！

2　右脚を下ろす

右脚を床すれすれのところまでゆっくり下ろします。

3　左脚を下ろす

右脚をゆっくり元に戻したら、同様に左脚を下ろします。

呼吸法でおなかを内側から凹ませ引き締める

ドローイン

→ 10回×3セット

1 あお向けになり、鼻から息を吸う

床にあお向けになり両ひざを立て、5秒かけて鼻からゆっくり息を吸い、胸に空気を入れ、おなかを凹ませていきます。

おなかを凹ませる動きと呼吸法を組み合わせ、腹斜筋や腹筋深部の腹横筋（→ P.68）などを鍛えてペタンコおなかに。自前のコルセットでウエストにくびれも生まれます。

腰をやや丸めて骨盤を後傾させると、おなかに力が入りやすくなります

2　口から息を吐き、さらに凹ませる

おなかを凹ませたまま、5秒かけて息を吐き、吐き切ったら5秒キープ。5秒かけて息を吸います。

寄せて上げて形のよいまん丸美尻に

バンドヒップリフト

➡ 15回×3セット

1 ひざ上にバンドを巻き、あお向けになりひざを立てる

ひざ上にバンドを巻いてあお向けになり、腰幅に足を開いて両ひざを立て、腰を少し浮かせます。

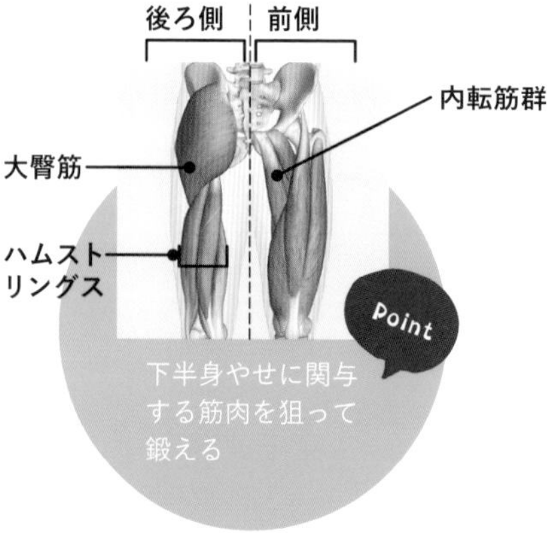
後ろ側
前側
内転筋群
大臀筋
ハムストリングス
Point
下半身やせに関与する筋肉を狙って鍛える

足は腰幅
重心はかかとに

バンドを使い、かかと重心で行うことでたれたお尻を強力に引き上げ、脚長効果も絶大。体を持ち上げたとき、背中をまっすぐにキープするので腹筋も同時に鍛えられます。

2　お尻を持ち上げる

お尻をギューッと絞るようにして持ち上げ、おなかに力を入れ、2秒キープ。下ろすときは床すれすれで止めます。

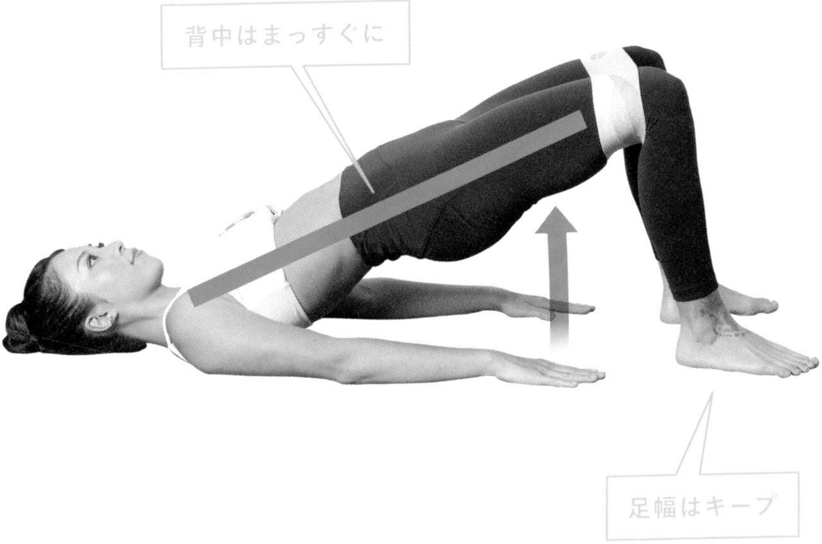

カニ歩きで張り出した尻肉を強力シェイプ

クラブウォーク

➡ 左右交互に10回×3セット

1　ひざ上にバンドを巻いて前傾姿勢で立つ

ひざ上にバンドを巻いて肩幅より少し広めに足を開きます。胸を張り、お尻を突き出し、やや前傾姿勢になります。

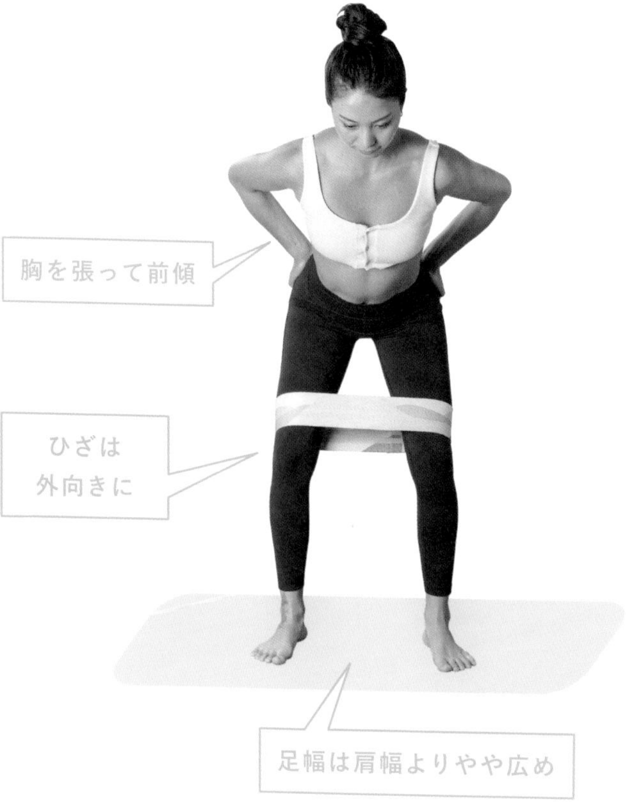
胸を張って前傾
ひざは
外向きに
足幅は肩幅よりやや広め

腰の外側に脂肪がついてたれて四角くなったお尻を、形よくカーヴィーな桃尻に変えるトレーニング。バンドで負荷をかけながら横歩きすることでお尻の横の筋肉を強化します。

2　右に2歩進む

お尻の筋肉が動いているのを手で感じながら、右に2歩進みます。

3　左に2歩進む

同様に左に2歩進みます。

たれ尻をグイグイけり上げ整える

バックキック

➡ 左右交互に10回ずつ×3セット

1 ひざ上にバンドを巻いて四つんばいになる

ひざ上にバンドを巻き、床に四つんばいになります。両手は肩の真下、両ひざは股関節の真下になるようにしましょう。足は腰幅程度に開いておきます。

足を後ろに素早くけり上げ、ゆっくり下ろす動作のメリハリで、お尻の筋肉をダイレクトに刺激します。ポイントは、ける足をお尻よりも高く勢いよく上げること。

2　左足をけり上げる

お尻の筋肉を収縮させながら左足を素早く後ろにけり上げ、床すれすれのところまでゆっくり下ろします。左足を元に戻したら、右足を同様にけり上げます。

胸の筋肉を総動員してクッキリ谷間メイク

ダンベルプレス

➡ 10回×3セット

座面と背中の間にすき間が出るように背中を少しそらす

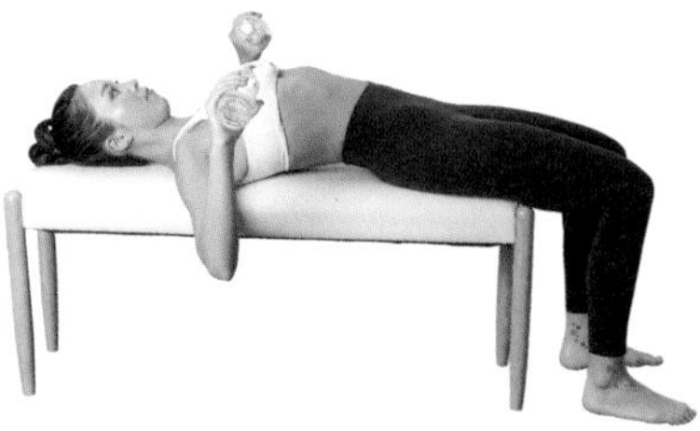

1 あお向けになり ひじを曲げて ペットボトルを持つ

イスなどにあお向けになって肩甲骨を下げて胸を張り、両手にペットボトル（500mℓ1本ずつが目安）を持ち、ひじを90度に曲げて固定します。背中は少しそらせます。

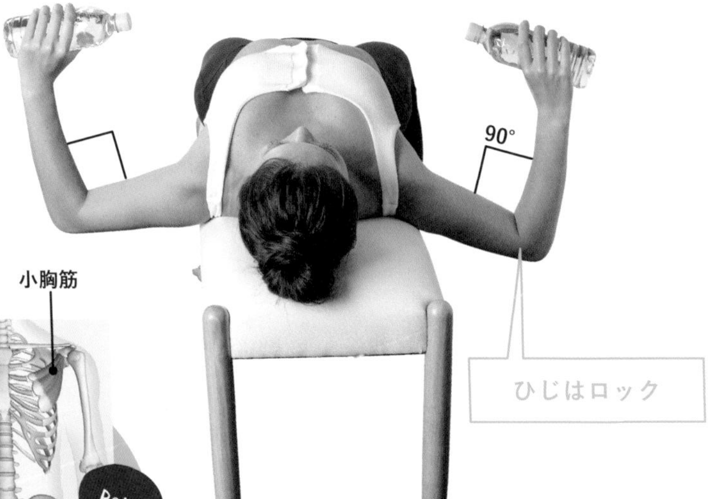

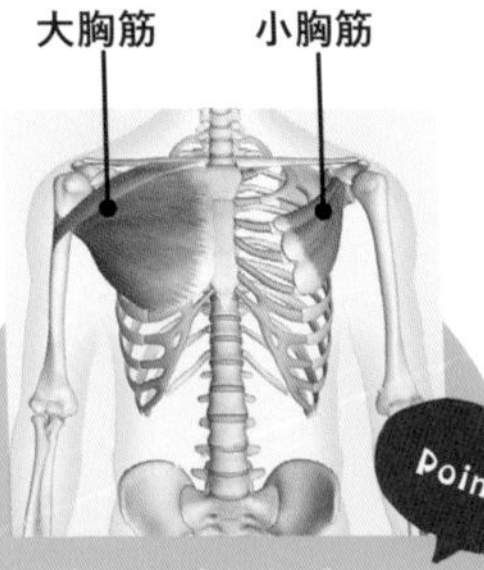

肋骨を引き上げる小胸筋を鍛えて胸周りをリフトアップ

大胸筋と小胸筋を動かし、胸に厚みを出しましょう。なお、ここから紹介する胸トレは床にあお向けになり床と背中の間にクッションなど（高さ10cm程度）を挟んでも行えます。

2　ペットボトルを持ち上げる

胸を張りながら、ペットボトルを素早く胸の真上に押し上げ、3秒かけてゆっくり元に戻します。

肩関節とひじ関節を使い、上げるときは胸で押し上げるように素早く、戻すときはゆっくり

手強いわきのハミ肉をちぎり取る

ダンベルフライ

➜ 10回×3セット

1　あお向けになり ひじを大きく広げて ペットボトルを持つ

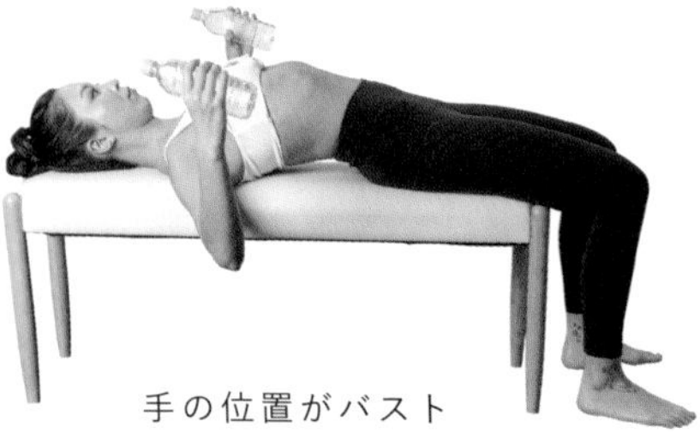

手の位置がバストトップより上にならないように

イスなどにあお向けになって肩甲骨を下げて胸を張り、ペットボトル（500mℓ1本ずつが目安）をバストトップの延長戦上で縦に持ちます。ひじは広めに開き、背中は少しそらせます。

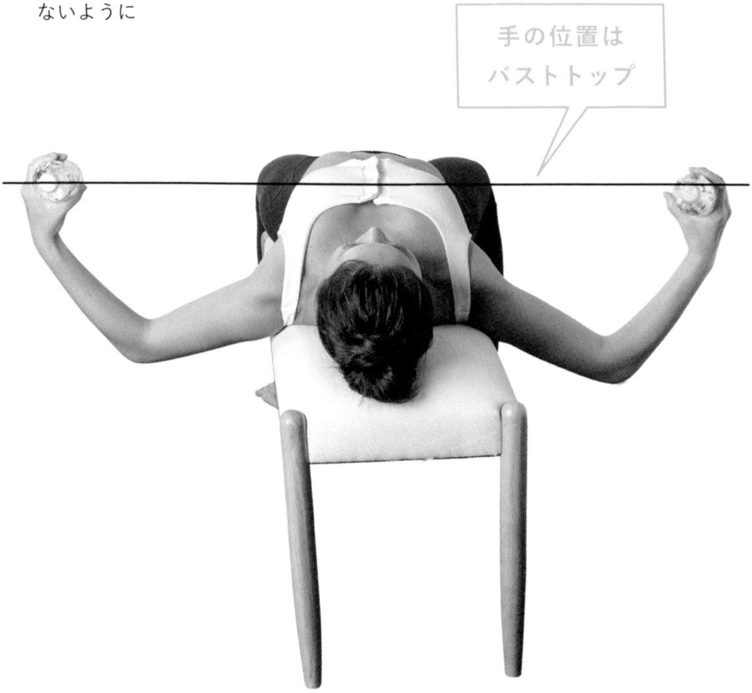

押し上げる動作で大胸筋を狙えるのがダンベルプレス、肩関節の回転で大胸筋を伸ばしながら鍛えるのがダンベルフライ。胸を伸ばして刺激をしっかり届けます。

2 ペットボトルを真上に上げる

胸を張った状態のまま、ペットボトルを素早く胸の真上に押し上げ、3秒かけてゆっくり元に戻します。

ひじは動かさず、肩の関節を動かすイメージで

背面を鍛えて上半身やせの総仕上げ

ダンベルプルオーバー

➡ 15回×3セット

1 あお向けになり 顔の上で ペットボトルを持つ

イスなどにあお向けになって肩甲骨を下げて胸を張り、両手でペットボトル（2ℓが目安）を持ち、顔の上で構えます。

にっくき二の腕裏側のタプタプ肉が解消できます。胸を張り、わきを閉めて行うと、大胸筋や広背筋を強化して上半身全体のシェイプアップが完成。反動をつけずにていねいに。

2 ペットボトルを頭の上まで下ろす

ひじを軽くゆるめたまま、3秒かけてバンザイするようにゆっくりペットボトルを頭の上側まで下ろし、3秒キープ。同じ軌道でゆっくり元に戻ります。二の腕の裏にジワジワと刺激を感じてください。

腕の付け根からバンザイするように
ひじは開きすぎない

※ペットボトルを顔の上に落とさないように注意。

ボンレスハム状にたるんだ背中肉がスッキリ

バックエクステンション

➡ 10回×2セット

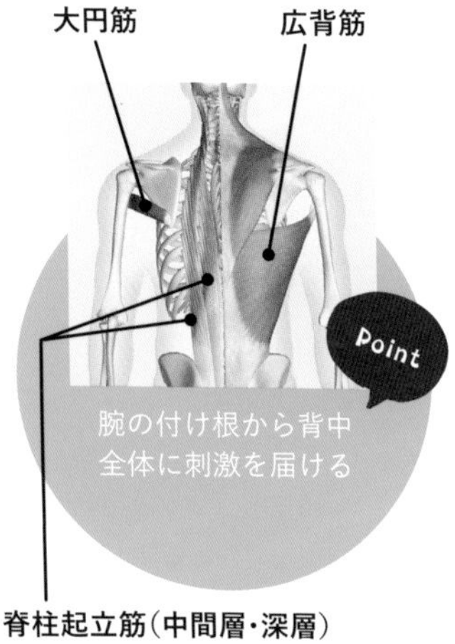
大円筋
広背筋
Point
腕の付け根から背中全体に刺激を届ける
脊柱起立筋（中間層・深層）

1 うつ伏せで両手を伸ばす

うつ伏せになり両手を前に伸ばし、肩甲骨を下げます。足は自然に伸ばし、目線は床に。

あごを引いて目線は床
肩甲骨を下げる

ボンレスハム状態のブラのハミ肉は老け見えの元凶。背中全体の筋肉を引き締め、若々しく美しい後ろ姿になるトレーニングです。姿勢がよくなり、猫背も解消。

2 両手を後ろに引き、上体を持ち上げる

背中の左右を内側に寄せながら胸を張り、両手を後ろに引き、上体を持ち上げ、3秒キープしたら元に戻ります。

脚 背面 胸 をもっと鍛える

BIG3
を極める

1種目で全身をカバー！
下半身トレのトップ・オブ・トップ

スクワット

バー（バーベル）を使えば、重量が調整できるのでトレーニングのレベルアップが簡単にできます。重すぎると体勢をくずしてケガの原因になるので、最初はバーだけでウォーミングアップを。股関節をしっかり動かし、深くしゃがみます。関節の柔軟性がポイント。

1 足を肩幅より広く開き、バーを担ぐ

胸の高さにバーをセットし、足を肩幅より広く開いてスタンバイ。僧帽筋と三角筋の溝にバーをのせて担ぎます。胸を張り、背すじを伸ばします。

スクワットを上手に行うコツ

- 最初はウエイトをつけず、バー（20kg）だけでウォームアップ
- ウエイトは安定したフォームで行える重量に設定
- あごを引き、目線はやや下に
- まず股関節から動かす
- ひざが内側に入らないように

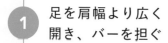

ジムトレを導入すると、より効率的に全身のトレーニングができます。私は、いわゆる「筋トレ界のビッグ3」、スクワット、デッドリフト、ベンチプレスをルーティンに、各種種目を加えたトレーニングを週に２～３回行っています。まずは軽い重量で担ぐ練習からはじめ、徐々に重量を上げていくのがおすすめです。

2 腰を落とす

体をやや前傾させ、お尻を後ろに引きながらゆっくり腰を落とします。目線をやや下にして股関節をしっかり使いながら行います。ももと床が平行になるくらい沈めればOK！

3 腰を上げる

お尻を突き出し、背すじを伸ばした姿勢をキープして、ゆっくり元の姿勢に戻ります。ひざが内側に入らないように注意して。10回×３セット行います。

背中下部からお尻、
ハムストリングスを鍛えて
体幹を強化する

デッドリフト

鍛えにくい背面を効率よく鍛えます。一連の流れを止めないように動かすことで、体の一部だけでなく全身がまんべんなく鍛えられます。体幹部もしっかり使う種目なので代謝も上がり、背面の引き締めに最適！

1 バーを持って立つ

腰幅に足を開き、ひざの上くらいの位置でバーを持ちます。手は肩幅に開き、親指をしっかり巻き付けて握り、肩は脱力し、胸を張り、目線は斜め下。

デッドリフトを上手に行うコツ

- 一連の動きを止めずに行う
- 体とバーの距離が離れないように
- 股関節の間をつぶすように
- 腰と背中が丸まらないように

2 すねに沿って バーを下ろす

お尻を突き出しながら、背すじを伸ばし、股関節の間をつぶすようにすねに沿ってゆっくりバーを下ろしていきます。体からバーが離れないようにていねいに行います。

3 ひざ下まで バーを下ろす

ひざ下までバーを下ろしたら、元の姿勢に戻ります。背中の筋肉を意識しながら動くのがポイント。15回×3セット行います。

たれてしぼんだ胸に
厚みとハリを持たせて引き上げる！

ベンチプレス

大胸筋強化の代表的なトレーニング。腕だけで支えようとせず、胸でバーを支えるようなイメージで行いましょう。手の幅は肩幅よりやや広めにし、胸でバーを迎えに行くようなつもりで常に胸が高い状態で行うと、きちんと狙う筋肉に刺激が入ります。

※落下防止のために必ずセーフティーバーを付けること。

1 あお向けになりバーを持つ

バストトップとみぞおちの間にバーがくる位置でベンチにあお向けになります。手の幅は肩幅よりも広めにとり、バーに親指をしっかり巻き付けて握ります。足は踏ん張れる位置に。

2 バストトップに向けてバーを下ろす

肩甲骨を下げて胸が高い状態を作り、バストトップに向けてバーを下ろします。

3 バーを上げる

ひじが直角になるまでバーを下ろしたら、押し上げるように元に戻します。

ベンチプレスを上手に行うコツ

- 胸を張った状態でスタート
- 腕や肩の力だけでバーを上げ下げしない
- 両ひじが90度になる位置までバーを下ろす
- 肩甲骨は下ろすイメージで
- 腰をそり過ぎない
- 腕でなく大胸筋の収縮を意識しながら
- 手首は固定する

Part 4

筋トレ女子の食事と続け方

ダイエットは運動2割、食事8割といわれるほど、食事のコントロールが欠かせません。とはいえ、無理な食事制限は一切必要なし！　ふだんの食事をおいしく楽しみながらラクラク続けられるコツをご紹介。まず2カ月続けてみましょう。必ず変化が実感できるはずです。

いつもの食事から「ちょい引き」でリバウンド知らず

体重をへらすだけなら、トレーニングをしなくてもやせることは可能です。食べなければいいのですから。一方、筋トレは、トレーニングで軽く筋肉をつけ、体が引き締まったように見せる「足していく」作業です。糖質制限などのような食べないダイエットでは、落ちるのは脂肪ではなく多くは水分や筋肉です。そして、一度やせても少し食べただけで太るので、一生食事に気を遣わない限り、その体重をキープすることはできないでしょう。**極端な食事制限は、かえって太りやすくやせにくい体にしてしまうのです。**

私自身、モデル時代に不健康な食生活を続け、苦しんだ経験があります。食事と精神状態は連動していて、食べないとふさぎ込んだり、ちょっとしたことで傷ついたり、くよくよしたり。家族や大切な人と同じ食事をすることも難しくなり、人生の楽しみの多くを失っていることに気づいたのです。

それからは、「食べてもスタイルをキープできるようにしよう」と考え方をシフトチェンジ。筋トレで筋肉をつけると、多少食べたくらいで即太ることはありません。しっかり栄養をとってトレーニングし、筋肉をつけて脂肪だけを落とし、心身ともに健康なフィットネスライフを送るほうが断然楽しいと、心から思うのです。

私がおすすめしているのは、毎日の食事の中で摂取カロリーを200〜300kcal程度へらす方法です。これはおにぎり1個分程度。ふだんの食事から一部をマイナスするだけなので、無理なく手軽に取り組めます。

多くの人がダイエットに失敗し、リバウンドしてしまうのは、「1日500kcalへらそう」とか、「夕食抜き」など、いきなり振り幅の大きいことをやろうとするから。その点、1日におにぎり1個分程度なら、無理なくできそうな気がしませんか？

そして、おすすめは夕食の糖質を控えること。朝と昼にしっかり食べて、夜は軽くすませるというのがやはり王道。たとえばお茶碗1杯分のごはん（ふつう盛り）は約250kcalですから、夜はおかずだけにしてごはんは食べないようにすればいいのです。

また、加工品を避け、なるべく素材に近い調理法を選ぶのもおすすめ。鶏肉はから揚げよりも蒸し鶏に、豚肉はとんかつよりもしゃぶしゃぶにすることで、容易にエネルギーコントロールできます。

家族がいる人は、自分だけまったく違うメニューを食べるのではなく、家族と同じ食材で調理法を変えてみるといいでしょう。わが家では鶏胸肉を使うなら、私は蒸して野菜と一緒に食べ、子どもには衣をつけてチキンカツにする、豚肉なら私はしゃぶしゃぶで子どもは生姜焼きにするなど、工夫しながら家族との時間も楽しんでいます。

食べなきゃやせない！やせ体質になる食事法

ダイエットの原則は【摂取カロリー＜消費カロリー】です。したがって、摂取カロリーが消費カロリーを下回れば、体重はへっていきますが、必要以上のカロリー制限では筋肉もへらしてしまうのは前述のとおりです。極端な食事制限は長続きしませんから、リバウンドすると脂肪だけがふえることになり、どんどん太りやすくやせにくい体になっていきます。そもそも私たちは1日にどれくらいのカロリーを摂取すればよいのでしょうか。

最低限必要なのは、「基礎代謝」の分です。基礎代謝とは、呼吸したり、内臓を動かしたり、体温を調節したりといった、生命維持のために不可欠なエネルギーのことです。基礎代謝は体重に基礎代謝基準値をかけて求めます（→P.101）。たとえば体重50kgの35歳の女性の場合、1日の基礎代謝の推定値は50×21・7＝1085kcalです。

摂取カロリーがこの基礎代謝量を下回ってしまうと、体が危険を察知してエネルギーをため込み、やせにくくなるばかりか、肌や髪がパサついたり、生理周期が乱れたりしてキレイやせとは逆の方向へ。体が省エネのため、エネルギー消費の大きい筋肉をへらしてしまうのです。基礎代謝分のカロリーをきちんと摂取し、筋肉の材料をしっかりチャージす

基礎代謝量と活動代謝量を知ろう

日本人の基礎代謝基準値

年齢	女性		
	基礎代謝基準値（kcal/kg/日）	*参照体重（kg）	基礎代謝量（kcal/日）
18-29歳	22.1	50.0	1110
30-49歳	21.7	53.1	1150
50-69歳	20.7	53.0	1100
70歳以上	20.7	49.5	1020

＊日本人の平均的な身長・体重から提示した参照値（「加齢とエネルギー代謝」厚労省e-ヘルスネットより）

生活活動指数

1.3（低い）	生活の大半を座位で過ごし、活動量が少ない場合。一般事務など。
1.5（やや低い）	座位中心だが移動や立位での作業、接客などの仕事をし、そのほかに通勤、家事等をしている場合。サービス業など。
1.7（適度）	生活活動指数1.5の人が1日1時間程度の速歩やサイクリングなどの運動を行っている場合。農作業や建築作業など。
1.9（高い）	1日1時間程度の激しいトレーニングや木材の運搬、農繁期の農耕作業など重度の肉体労働に従事している場合。

（厚労省『生活活動強度の区分』より改変）

ることが大切です。

さらに「活動代謝」の分も必要です。活動代謝は体を動かすときに使われるエネルギーで、活動量によって異なります。毎日運動している場合、生活活動指数が1・7となりますが、テレワークなどで家でゆっくり過ごすことが中心の場合、1・3となります。これを基礎代謝にかけた分が1日に摂取すべきカロリーの総量となり、前述の女性の場合、それぞれ1日の摂取カロリーは1845㎉、1410㎉となります。

そこで、この数値を基準に、筋トレしたり、活動的に過ごしたりした日は少し多く食べ、そうでない日は少しへらすなど、調整するといいでしょう。メリハリをつけることで無理なく食事コントロールができるようになります。

たんぱく質、脂質、炭水化物の黄金バランスは「3・3・4」

キレイに筋肉をつけるには、食事の内容も考慮し、トレーニングと栄養摂取との合わせワザで進めることが大切です。三大栄養素であるたんぱく質（Protein）、脂質（Fat）、炭水化物（Carbohydrate）の摂取比率をPFCバランスといい、理想的に保つことで健康的な体作りに役立ちます。とくに、たんぱく質は筋肉や骨、血液、内臓など体の主要な部位を構成する栄養素です。炭水化物や脂質と違い、体内に貯めておくことができず、不足するとせっかく育てている筋肉の分解を促進させてしまうため、適切な量をコンスタントに摂取しましょう。筋トレ中は、目安として、体重の1kgあたり1・5～2gのたんぱく質を毎日とることが推奨されています（50kgの人は75～100g）。また、一度に大量のたんぱく質を摂取しても、すべて吸収されませんから、毎食、肉や卵、魚、大豆などからバランスよく摂取することが大切です。

これらの食品は、アミノ酸スコア（体内で合成できず、食事から摂取する必要のある必須アミノ酸の含有率を数値化した指標）が100と高く、筋肉のスムーズな合成を促す優秀食材です。積極的に摂取するといいでしょう。このとき、プロテインサプリメントを活用すると、手軽に効率よくたんぱく質が摂取できます。1回分20gを目安に、1日数回摂取するといいでしょう。脂質は、体のエネルギー源やホルモンの材料となる栄養素です。とり過ぎると体脂肪として蓄積されて太りますが、女性はとくに、不足すると髪や肌がパサつき、潤いやツヤがなくなり、生理が止まってしまうこともあります。ふだんの食事で肉や魚をバランスよく食べるほか、アーモンドやくるみなどのナッツ類にはオメガ3脂肪酸といわれる良質な脂質が豊富ですから、毎日適量を摂取してください。

炭水化物（糖質）は主要なエネルギー源となる不可欠な栄養素です。糖質制限などで不足すると、筋肉が分解されやすくなり、エネルギー源として使われてしまいます。糖質は決して敵ではなく、たんぱく質と一緒にとるようにすると、栄養の吸収がよくなります。なお、空腹で体内の栄養素が不足した状態でトレーニングすると、筋肉が分解されやすくなるので、必ず栄養をとってから1～2時間後にトレーニングするのがおすすめです。トレーニング前後にぜひとりたいのが、さつまいもとバナナです。野菜やフルーツからとる炭水化物は吸収が早く、カリウムも豊富なことが多く、水分代謝を促し、体脂肪のへりが早いように感じます。ただ、腹持ちが悪いのがデメリットといえます。

私が試行錯誤した結果、女性にとってベストのPFCバランスは、たんぱく質30～35％、脂質25～30％、炭水化物が40％の割合です。生理周期に影響せず、肌の潤いも保ちながらストレスなく続けられる割合といえるでしょう。

「ゼロ100思考」から自由になる究極のリカバリー法

ダイエットを阻む原因として、多くの人が陥る「ゼロか100か思考」があげられます。たった一度の失敗でダイエットをあきらめてしまうのはもったいないです。どうしてもがまんができなくて食べ過ぎてしまったり、友人との会食を断れなかったり……。ダイエット中に反動で食べ過ぎてしまっても、たった1日で太ることもやせることもありません。食べ過ぎないことよりも、調整がいちばん大切。摂取したカロリーはすぐに使い、早め早めに手を打ちましょう。翌日、翌々日の2日間かけて調整すれば大丈夫！

食べ過ぎた翌日は、くれぐれも絶食などしないように。あえて軽めに食べ、代謝を落とさずにため込んだ水分を抜くことからスタートです。朝食にフルーツとプロテインなど、カリウムとたんぱく質を含む食材をとるのがおすすめです。オレンジやキウイフルーツ、イチゴなどにはカリウムが豊富で、体内の余分な水分を排出する作用があります。昼食には脂質が少なめのメニューを選びましょう。焼き魚定食などがおすすめです。このタイミングでは、炭水化物も適度にとってください。ただし、パスタやパンなどの炭水化物がメインのメニューは避けましょう。

そして、午後からは運動量をふやして食事をへらしていきます。エネルギー消費量の多い下半身の筋トレを重点的に行ったり、1駅分歩いたりして、いつもより活動量を上げましょう。おなかがすいたら、サラダチキン（たんぱく質）やキュウリやレタスのサラダ（カリウム）などをとって空腹感をまぎらわせます。

夕食は、お刺身とサラダなど、カロリー控えめな食事を。炭水化物は抜きましょう。また、1日を通して、塩分の量を控えめにすることもポイントです。味付けを濃くしない、ドレッシングや調味料をかけ過ぎないなどを心がけてください。

半身浴で発汗作用を促すと、さらに余分な水分を抜くことができます。

この方法で2日かけて調整すれば、私の場合、リバウンドすることはありません。

ちなみに、生理前後にドカ食いしてしまうのは、ホルモンバランスの変化による自然なこと。この時期は体が水分を引き込むので1～2kgはふえるものだと思ってください。脂肪でふえたのではないので安心して。そんなときは無理にがまんしないで、活動代謝を含めたカロリー（↓P.101）の分なら食べても大丈夫です。

よくないのは、「食べ過ぎたから、もうダメだ」と落ち込んだり、せっかく続けてきた食事コントロールを一切やめてしまったりすること。これは本当にもったいないです。

この調整法を知っておくだけで、たとえ食べ過ぎたとしても慌てることなく、ラクに軌道修正できます。

2カ月の壁を越えたら、オートラン！ 筋トレで〝一生健康〟

遠回りに見えて、実は筋トレを習慣づけることがいちばん健康的に美しくなれる近道。10代のころから減量やボディメイクで苦しんできたからこそ、切実にそう思うのです。私は、筋トレで人生が変わったといっても過言ではありません。

30歳以降、毎年筋肉量は1％ずつへっていき、何もしないでいるとどんどん筋力は衰え、代謝は低下し、体の機能が落ちていきます。しかし、日常的に運動習慣のある女性の割合は25・1％（厚生労働省／国民健康・栄養調査報告）と驚くほど低いのが現実です。また、ジムなどに入っても、大半の人が最初の1〜2カ月でトレーニングを中断してしまいます。筋トレはすぐに結果が出にくい地道な運動ですが、一生続けて損はない、すべての現代人に習慣づけていただきたいソリューションといえます。

まずは実践あるのみ。週2回、2カ月続けてみてください。必ず何らかの変化が実感できるはずです。長年トレーニングをしてこなかった体は、いわば筋肉が眠っている状態です。少しずつ刺激し、動かすことで筋肉が目覚め、機能しはじめていくことでしょう。

筋トレをはじめて16回を過ぎたころに「何となく体が引き締まってきた」「階段を上る

のがラクになった」「以前よりもこなす回数がふえた」「疲れにくくなった」「夜よく眠れるようになった」……などと感じたら、筋肉が育ちはじめたサインです。体重や数値に現れない、体の内側で起こりはじめた小さな変化を見逃さないようにしてください。このまま家トレを継続するもよし、ジムに入会してさらに磨きをかけるのもいいでしょう。3カ月、半年、1年と続けるうち、しなやかな筋肉がつき、体力もついてきます。

そして、筋トレという1つのプロジェクトを計画して実践し、分析し、試行錯誤しながら修正していく一連の作業は、思考力を大いに高め、自己分析に役立つでしょう。体が変わり、結果が伴なってくれれば成功体験となり、ゆるぎない自信が手に入り、人生の充実度はさらに高まっていくはずです。

運動が病気を防ぎ、健康寿命をのばすことを示すエビデンスは枚挙に暇がありません。とくに近年、大規模な調査により、週2～3回の筋トレの習慣がさまざまな病気による死亡率をへらすことが報告されました（ミシシッピ大学ダンケルらによる調査）。調査では、自重（自分の体重を使う）中心の家トレでもジムトレと同じ結果が得られたのです。

そのほか、昨今、筋トレによる精神安定効果が注目されています。これは、筋トレによって脳内の神経伝達物質であり幸せホルモンとも呼ばれるドーパミンやセロトニン、意欲向上に関与するテストステロンというホルモンの分泌が高まってくることによるものです。

筋トレによって気分が前向きになってメンタルの改善が期待できるのです。

Miyakoがレクチャー！

筋トレ女子のQ&A

Q 1カ月筋トレを続けてもあまり変化がありません

A フォームとメニュー組み、食事を見直してしばらく続けてみて

フォームとメニュー組み、食事のPFCバランス(→ P.102)を見直してみましょう。負荷は軽すぎないか、種目の順序や組み合わせは適正か、確認を。食事管理には「あすけん」というアプリなどを活用すると、無理なく記録できて振り返りに役立ちます。

Q 自分の骨格タイプが絞り切れません

A 混合タイプも存在します。より強く出ている特徴を見極めて

骨格タイプはAとB、BとCが混在している混合タイプもよく見られます。その場合、より強く特徴が表れている項目のほうを選んでトレーニングをすると、効率よくボディメイクできます。なお、自分の骨格タイプ以外のトレーニングを実践してもとくに害はありません。

Q 筋トレはいつやるのがベストですか？

A トレーニング後に栄養摂取しやすい時間帯がベスト

筋トレと栄養チャージはセットなので、トレーニング後、1時間以内に栄養がとれるタイミングがベストです。続けやすい時間帯を選んで習慣づけましょう。なお、概日リズム(体内時計によって調節されている1日のリズム）でいうと、最も筋力が高まる時間帯は午後2～6時といわれており、この時間帯に筋トレをすると効果的という説もあります。

Q 指定のセットでなく、
こま切れにやったり
ほかの種目とバラバラに
組み合わせたりしてもOK?

A 回数やセット数には
意味があります。必ず
一まとまりで行いましょう

種目をまたいでメニューを組んだり、1セットごと時間を空けたりするのはNG。インターバルを長くとり過ぎると、せっかく目覚めはじめた筋肉が休息モードに戻って効果が半減します。キツイ場合は回数やセット数をへらしたり、負荷を軽くしたりして再トライを。

Q 本書のメソッドを
マスターしたあとの
おすすめプランは？

A 負荷を上げて
さらにレベルアップ
していきましょう

正しいフォームで安定して実践できるようになったら、さらに負荷を高めて継続するといいでしょう。ジムに入会したり、公共施設のジムを活用したりして、マシンやフリーウエイトの種目を取り入れるのもおすすめです。

おわりに

　私が極端な食事制限をやめようと思ったのは、「ママは食べないの?」という、幼い息子の一言がきっかけでした。そこではじめて、「私は何のためにダイエットをしているんだっけ?」と目が覚めたのです。

　人生の時間は有限です。このままでは息子の記憶の中に、ダイエットばかりしている不健康な母親のイメージだけが刻まれ、大切なものが失われてしまう――そう気づいたのです。シングルで子育てしていますから、息子との時間を第一に、やりたいことや夢を先延ばしにせず、明確な目的と意図を持って人生を考えるようになりました。たとえば、いくつになっても旅行を楽しみ、自分の足で行きたい場所へ行き、自分のことは自分でできる毎日を送ること。○年後には海外に移住し、パーソナルトレーナーとして活動すること……。スリムな体型でおしゃれを楽しみ、高齢になってもだれの手も借りず、日常動作が無理なく行えれば、生涯たくさんの経験を満喫し続けることができるでしょう。

　しかし、そのためには健康であることが絶対条件です。健康は20代をピークに低下し続け、筋肉量は30歳以降、年1%ずつへっていくといわれています。何もしないでいると、10年後の40歳には10%、20年後の50歳には20%も筋肉量がへっている計算になります。

　筋肉が衰えると、歩くことや動くことが苦痛になり、行動が制限されますし、肥満になる

クライアントの
59歳・キミエさん

と外出が億劫になってさらに運動不足を助長します。生活習慣病にもかかりやすくなるでしょう。また、サルコペニア（高齢になるにつれて筋肉量が減少していく老化現象）が進行すると、フレイル（心身の活力が低下し、要介護に移行しやすくなる状態）を招きます。健康でなければ、せっかく長生きしてもやりたいことができなくなり、人生の選択肢を大幅に狭めてしまうのです。

筋トレを習慣づけることは、単なる美容法にとどまらない、将来への最良の投資です。まだ若く、元気なうちから筋トレをはじめ、健康寿命を延ばす準備をすれば、確実に人生の充実度が高まると自信を持っていえます。

筋トレは有酸素運動とは異なり、鍛えることで筋肉がつき、「貯筋」としてたまっていくので、長い目で見ると断然効率的です。最初は少し時間がかかるかもしれませんが、正しく続ければ必ず体は変わっていきます。

私のジムに通うアラ還のキミエさん（写真上）は、筋トレ歴5年。努力によって作り上げた大人の体は、ほれぼれするほどラグジュアリーです。はじめるか、そのままか。行動でしか自分を変えることはできません。

みなさまのたくさんのチャレンジと笑顔いっぱいの毎日を支えるツールとして、本書をお役立ていただけたら幸いです。

２０２３年　６月吉日

Ｍｉｙａｋｏ

Miyako（みやこ）

パーソナルトレーナー。ユーチューバー。
女性専門パーソナルジム「Mint Gym」代表。「NSCA-CPT」資格保持。
1991年6月10日生まれ。モデルを経て2018年、YouTube「Miyako's Channel」を開設。女性や筋トレ初心者向けに運動や食事など、健康的な体作りの方法を配信。明るく前向きで自然体なキャラクターが反響を呼び、チャンネル登録者数14万人（2023年6月現在）の人気ユーチューバーとなる。「迷ったら自分の心が清くいられる方向に進む」がモットー。おいしく食べながらスタイルをキープする、一生続けられるダイエットを提唱している。商品開発、イベント、セミナーなど多方面で活躍中。一児の母。

YouTube　：youtube.com/@MiyakosChannel
Instagram：miyako.610

結局、筋トレがいちばんキレイにやせる近道

発行日　2023年7月15日　初版第1刷発行

著　　者　Miyako
発 行 者　竹間 勉
発　　行　株式会社世界文化ブックス
発行・発売　株式会社世界文化社
〒102-8195
東京都千代田区九段北4-2-29
電　　話　03-3262-5118（編集部）
03-3262-5115（販売部）
印刷・製本　株式会社リーブルテック

ISBN 978-4-418-23416-5

STAFF

ブックデザイン　庄子佳奈
(marbre plant inc.)
撮　　影　岡田ナツ子
ヘアメイク　舟生美帆
（オン・ザ・ストマック）
イラスト　オカダミカ
図版作成　BACKBONEWORKS (P.12-13)、
ラウンドフラット
編集協力　有留もと子
校　　正　株式会社円水社
D T P　株式会社明昌堂
編　　集　三宅礼子